手づくりのアジール

「土着の知」が生まれるところ

青木真兵

晶文社

装幀　名久井直子
装画　青木海青子
編集協力　髙松夕佳

はじめに

はじめまして、青木真兵と申します。

奈良県の東吉野村という人口一七〇〇人の山村に、司書の妻と猫と犬と暮らしながら自宅を開いて、「人文系私設図書館ルチャ・リブロ」を運営しています。もちろん、図書館活動だけで生活しているわけではありません。というか、この活動そのものは収入を得るためにやっているわけではありません。普段は障害者の就労支援や、大学やカルチャーセンターで講師をしたりして、まさに糊口をしのぎながら夫婦で図書館を開けています。

なぜわざわざ「図書館活動」をしているのか。それについては山村への「移住」のきっかけや経緯なども含めて、自分なりのマニフェストとして前著『彼岸の図書館——ぼくたちの「移住」のかたち』(夕書房)にまとめました。ぼくが「彼岸」という言葉を使っているのは、すべてが数値化の結果を受けて序列化され、それに基づいて価値付けが行われてしまうような現代社会を「此岸」としたときに、そうではない世界としての「彼岸」が必要なのではないかという思いがあったからです。

『彼岸の図書館』には、思想家・武道家の内田樹先生や建築家の光嶋裕介さん、ライフワークであるオムライスラヂオを一緒に始めた鈴木塁さんといった友人たちと一緒に語り合うことで、この思いを血肉化していく過程が記されています。また、日記とエッセイによる『山學ノオト』（エイチアンドエスカンパニー）シリーズには、その後の日常や考察がまとまっています。併せてお読みいただければ幸いです。

本書は、前著『彼岸の図書館』の発展版ともいうべきもので、同書の増刷記念オンラインイントークとして行われた、同世代の研究者との連続対話と、それらを通じて深めた論考とで構成されています。簡単に数値化できない、言語化、社会化すらできないような「知」が、自然やその一部としての人間には内在しています。むしろ、生き物はそれによって構成されています。でも現代社会では、その「知」があまりにも軽視されている。そんな気がしていたんです。

山村に越してみると、「やっぱりね」としっくりきました。ぼくらの直感は間違っていませんでした。だからと言って世界が劇的には変わるわけではないのだけれど、でももうちょっと、この「土着の知」とも言うべき人間の生き物としての部分を認めないと、ぼくたちは生き残ることができないのではないか。社会を維持することだってできないのではないか。本書は『彼岸の図書館』で言語化できるようになってきたこの直感を、同年代の研究者と共有し、意見交換した記録です。

本書の題名に含まれる「手づくり」と「アジール」は、ぼくたちにとって重要な二つのキーワードです。まずは手づくりです。現代社会ではあらゆるものが商品となり、お金を出せば何でも手に入れることができます。でもそれは、既製品のなかから選ばされていることでもあります。確かにその選択肢が増えると自由度は増しますが、サイズの合わない服を着たり、量の多いランチを無理して食べるように、自分の感覚をオフにして選択肢のなかから探し求めてはいないでしょうか。手づくりは、このような「選択肢の檻」から脱出するルートにつながっているのです。

二つ目はアジールです。アジールとは、古来より世界各地に存在した「時の権力が通用しない場」のことです。あらゆるものが数値化され、その序列に従って資金配分がなされる現代社会を此岸としたときに、「そうでない原理が働く場」として彼岸をイメージしたことは前に述べました。そういう意味で、ぼくは彼岸とアジールを同じような意味で使っています。そして自宅を開いて図書館を運営する活動自体が、アジールを手づくりすることを意味しているのではないかと思い、本書のタイトルとしました。

さて、本書でぼくらは、話を先に進めるよりも「地に足をつける」ことの必要性を問い続けています。なぜ「地に足をつける」必要があるのか。それはみなさんも感じているとおり、今が「先行きの見えない時代」だからです。一九世紀イギリスの作家チャールズ・ディケンズが、フランス革命前後の時代を舞台にして書いた『二都物語』の冒頭は、現代をぴったり言い表しています。

最良の時代にして、最悪の時代だった。知恵の時代であって、愚昧の時代だった。確信の時代ながら、懐疑の時代だった。晴明の季節でありつつも雲霧の季節、希望の春にして絶望の冬だった。先行きは満ち足りて何一つ欠けることなく、しかもなお空漠は果てしなかった。人はみなまっすぐ天国に向かい、それでいて正反対を指していた。

（ディケンズ著、池央耿訳『二都物語（上）』光文社古典新訳文庫、九頁、二〇一六年）

こういう時代には、答えを性急に求めるのではなく、まずは今いる場所が自分に合っているかどうかを確かめることが大切です。そのためには、自分の中の生き物としての部分に自覚的である必要があります。それが「土着の知」です。残念ながら、この知に優劣はありません。誰もが持っている「知」なのですが、気づいているから社会的に評価されるとか、他人よりも一歩先んじられるとか、そういう類のものではない。

もし、今いる場所が自分に合っていないなら、つまり自分の「土着の知」と社会の折り合いが悪いなら、なんらかの形でそこから立ち去る準備をしなければなりません。立ち去り方は人それぞれです。必ずしも一人で行わなければならないわけではなく、伝手を頼ったり、社会制度を利用することも良いでしょう。

本書では立ち去ることを「逃げる」と称していますが、「逃げる」ことと「地に足をつける」ことは矛盾しません。「逃げる」ことも「地に足をつける」ことも、自分の中の生き物の部分に気づくことを意味しています。それはつまり、「土着の知」の存在に気がつくことなのです。

「土着」と出会い、付き合う方法をぜひ一緒に考えていきましょう。

手づくりのアジール　目次

対話2

「闘う」ために逃げるのだ――二つの原理を取り戻す

ぼくたちは、社会の中で一度「死んだ」のだと思っています。

二〇一六年四月、兵庫県西宮市から奈良県東吉野村という山村に引っ越しました。その理由、経緯などは、妻・海青子《みあこ》との共著『彼岸の図書館』（夕書房）に著したのですが、本当の意味で居を移した理由は何だったのだろうと考えると、我ながら判然としないところがあります。きっかけや決定的な契機など、要因はもちろん存在します。でも、誰に頼まれたわけでもないのに山村で自宅を開いて図書館活動をしている本当の理由は、正直よくわかりません。よくわからないのですが、なにかそこに、閉塞感に満ち満ちたこの現代社会を生きていくヒントがあることを直感しています。

東吉野村に越す前年の二〇一五年は、ぼくたちにとって最悪な年でした。神戸の大学図書館で働いていた妻は、法人自体の運営方針に違和感を覚え、経営状態への不安もあって、違う学校法人に転職をしました。しかし配属先は図書館ではなく、さらに職場の人間関係も本人にとって良くないものだったことで、休職せざるを得なくなりました。ぼく自身も、持病持ちの上に大学の非常勤講師や小・中学生の進学塾のレギュラー講師をしていて、体力的に厳しい状態が続いていました。その上で、論文を書いたり学会発表をするといった、大学で職を得るための就職活動も行わねばならない。研究者として生きていこうとする人なら当たり前なのでしょうが、そもそも能力の低いぼくにはハードルが高すぎました。しかも生意気にも内心では「就職活動のための研究って全然楽しくねぇ！」と思っていたものですから、そりゃ論文を書くのにも、研究発表をするのにも身が入りません。

このようなタイミングで出会ったのが、東吉野村でした。村を訪れた日は、偶然にも村営のシェアオフィス「オフィスキャンプ東吉野」のオープン翌日。オフィスキャンプの管理者をしていたデザイナー・坂本大祐さんや、坂本さんのお父さんでアーティストの坂本和之さんとのご縁をきっかけに、取り憑かれたように東吉野村まで通うことになりました。日銭を稼ぐ日々の暮らしと、研究という名の就職活動。生産性を求められ、数値によって測定・評価される眼差しの中で、ぼくたちは心身ともに限界を迎えていました。ゆったりとした川のせせらぎやフクロウの声を聴きながら過ごす山村での夜のひとときは、陳腐な表現ですが、まさにぼくたちを癒してくれたのでした。

しかし半年が経ったころ、休職していた妻に、復職するか辞めるか、判断せざるを得ない時期が来てしまいました。仕事を続けることのできなかった妻は、何度か自死を試み、結果的に入院してしまいます。働けなくなった自分に生きている意味を見出せなくなってしまったのです。働けなくなること、つまりお金を稼げなくなることは、生産性がないことを意味します。生産性のない人間が生きている意味を見いだしにくい社会。ぼくはこの点が現代の本質的な問題だと思っています。そもそも働いて賃金を得ることだけが「生産性」なのでしょうか。そんなはずはありません。本当の「生産性」とは何か。この点も本書のテーマの一つです。

そして妻が入院したのと機を同じくして、ぼくは障害者の就労支援事業所に勤める方から、東吉野村のとなり町に新たに事業所を作るので、職員として来ないかと、お声がけをいただきました。福祉の経験はありませんでしたが、その職員の方とはオフィスキャンプで何度かお会いしており、ぼくは就労支援に興味を抱いていました。例えば、障害者ご自身に能力がないのではなく、社会や職場など、周りの環境がその人力を出すことを妨げている場合、周囲の環境に働きかけて障害物をどかせば、その人の潜在的な力は発揮される可能性がある。このような、いわゆる「社会モデル」の考えに基づくエンパワメントの発想に大きく共感していたのです。現代社会では、働けなくなったこと、病気になったこと、心が苦しくなったことの原因を、その人だけに負わせていないだろうか。妻のこともあって、ぼくはそのような「個人モデル」に違和感を覚えていました。就労支援の仕事をすれば東吉野村に住み、自宅を開いて図書館活動をすることができる。その考えに、直感的に光明を見いだしました。とにかくそれが、生きる道だと思ったのです。

なぜ自宅を図書館にしたのか。ダンボールに入ったままの本をどうにかしたかったり、友人が自宅に遊びに来たときに本を薦めることが好きだったり、本を読む楽しさを多くの人に伝えたかったことなど、理由はさまざまあります。

でもなによりの理由は、図書館で働いていたころの妻が、一番活き活きと楽しそうにしていたからです。であるならば、そういう環境をつくってしまえばいい。薬を飲んだりカウンセリングを受けたりして本人だけが変わるのではなく、かつて力を発揮できる好きな場所があったのなら、その要素で「世界」自体を構築してみたらどうだろう。妻は自信をなくし、気力も体力もなくなり、消え去りそうになっている。働けなくなったことが、本人にとってこれほど大きな傷となってしまう今の社会とは何なのか。ぼくは妻が退院したら、すぐに東吉野村に越そうと決めました。身に起こることすべてが、都市を中心とする現代社会に紐づけられているように思ったからです。それは責任転嫁かもしれないし、山村に越してすべてが解決するわけではないことはわかっていました。でも、すぐにここから「逃げ出さねば」と感じたのです。

誤解してほしくないのですが、都市生活が嫌いなわけではありません。むしろ大好きです。妻が単身住んでいた金沢や、神戸で仲間たちとお互いの家を行き来したのは、未だに良い思い出です。ショッピングモールをブラブラするのも好きだし（人混みは大嫌いですが）、カフェで甘いものを食べるためにご飯を減らすことも辞さない二人が、今すぐにここを逃げ出さねばならないと感じた。この直感はどこから来ているのか。たぶんそれは、都市の原理が強くなりすぎた社会への違和感に端を発しています。特に心身が強くなかったぼくたちにとって、経済的自立を果たした個人を前提とした都市の原理は過酷でした。しかし現代社会は、この原理でのみ駆動されている。この状況を過酷だと感じるのはぼくたちだけでしょうか。そうではないはずです。

都市と農村をつなぐ「異人」

まず、都市の原理とは何でしょうか。民俗学の父・柳田國男は『都市と農村』（岩波文庫）の中で、都市と農村それぞれの原理の違いを、生産者と消費者の違いに求めています（三一頁）。そして都市生活の特徴を「衣食住の材料を自分の手で作らぬということ、すなわち土の生産から離れた」とまとめます。柳田は、生産と消費の原理的な違いをさまざま述べるのですが、特に生産側の農村が消費側の都市に優越している点を三つあげます。(1)勤労を快楽にできること、(2)考えて消費をすれば、なんとか生きていけること、(3)土地からの恩沢を幸福と結びつけることができること、です。逆に言うと、都市での勤労は苦しく、生活は消費と直結しており、土地と幸福の結びつきが弱いということです。とはいえ、農村の生活とて柳田が言うほど単純ではないし、都市では消費活動によって農村では享受できないほどの自由と快楽を得ることができます。しかしここで重要なのは、都市と農村のどちらが優れているかではなく、柳田が生きた明治から昭和前期にはまだ、都市と農村という二つの原理がリアリティを持って存在したという事実です。

「二つの原理」については、ウィーン生まれの思想家イヴァン・イリイチも述べています。もともと人類は、生と死、男と女、父と母、昼と夜、右と左、敵と味方、都市と農村、文化と自然、秩序と混沌のように、「二つの原理」の中で生きてきたといいます。しかしこの二つの原理が全く独立したものであったかというと、そうではありません。これらは「両義的な対照的補完性をなすもの」だったのです。(『ジェンダー――女と男の世界』岩波現代選書、一五〇頁)。つまり二つの原理は互いに補完しあっていて、どちらが欠けても世界は成り立たなくなってしまう。それが近代になり産業社会が成立する過程で、原理が一つになっていったのだと、彼は問題視しています。

柳田やイリイチの言うように、かつて伝統社会では原理が二つあることで世界が成立していました。そしてその世界を成立させるために不可欠だったのが、お互いをつなぐ「回路」です。その存在の一つを「異人」と言いました。イリイチは伝統社会において男、女、第三の実在が存在するといい、この第三の実在を外国人、奴隷、家畜、賤民、異常人というような「アウトサイダー」であるとしています。さらに民俗学者の赤坂憲雄は、「異人」の共同体における役割をこのように述べています。

〈異人〉とは、共同体が外部にむけて開いた窓であり、扉である。世界の裂けめにおかれた門、である。内と外・此岸と彼岸にわたされた橋、といってもよい。媒介のための装置としての窓・扉・門・橋。そして、境界をつかさどる〈聖〉なる司祭＝媒介者としての〈異人〉。知られざる外部を背に負う存在としての〈異人〉。内と外が交わるあわいに、〈異人〉たちの風景は茫々とひろがり、かぎりない物語群を分泌しつづける。

（『異人論序説』ちくま学芸文庫、一九九二年（原書は一九八五年）、一五頁）

例えば、よく知られている「異人」として、映画『男はつらいよ』の主人公・寅さんをあげることができます。一九六九年に公開された第一作において、寅さんは中学生のときに家出して以来、約二〇年ぶりに故郷・葛飾柴又に帰ってきます。寅さんの職業は香具師《やし》です。香具師は日本全国のお祭りなどで怪しげなものを売っている人で、テキ屋とも呼ばれます。寅さんは日本全国を「商売」して歩いている道すがら、困っている人を助けたり、面倒を見てあげたりするので、旅先ではとても尊敬されています。

しかし故郷に帰ってくると一転、やっかいもの、鼻つまみ者として扱われ、家族が思ったような振る舞いをしてくれないと激昂。喧嘩をして出ていってしまう、困ったおじさんになってしまうのです。妹からは「しょうがないお兄ちゃんね」、おいちゃんからは「どうしょうもない、バカだよ」と呆れられ、挙句の果てに地元では「勉強しないと寅さんみたいになっちゃうよ」と後ろ指を指される始末。よく面倒を見てあげている甥っ子の満男からも、「ぼくのおじさんは肝心なところで逃げ出してしまうんだ」と言われてしまいます。肝心なところで逃げ出してしまう寅さん。でも単にこれは、寅さんが意気地なしだという話ではありません。映画『男はつらいよ』第一作が公開された一九六九年は、高度経済成長を経て人びとの生活が豊かになり、一億総中流化が急速に進んでいった時代です。いわば社会の標準化が進行したことで、社会の原理が統一されていった。こうした社会的背景の中で、「逃げ出す」行為を繰り返した寅さんに、ぼくは注目しています。

確かに伝統社会では、二つの原理が切っても切れぬ関係として存在し、世界が成り立っていました。しかしどちらに属すか選択を強いられることが多く、非常に不自由な社会でもありました。伝統社会では地縁、血縁がベースにあり、そこから外れてしまうと生きていくことができなかったのです。これを「しがらみ」とも呼ぶことができます。だから二つの原理が存在したとはいえ、その間には対立関係や緊張関係が常に存在し、二つの原理を「行ったり来たりすること」は特別な人間以外には不可能でした。伝統社会において「逃げる」ことは、一方の世界を完全に捨てて、違う原理の働くもう一方の世界だけで生きていくことに他なりませんでした。俗世を捨て仏の道に生きる「出家」がそうだといえるでしょう。

では「家出」はどうでしょうか。寅さんは実家で喧嘩をしても、日本各地で商売をしてほとぼりが冷めると戻ってきます。自分では「渡世人」、つまり帰るところのない無縁者だと称していますが、決してそんなことはありません。寅さんには帰る家もあるし（彼が思っているような「あたたかい」家庭ではないかもしれませんが）、日本の各地から家まで帰ってくるための、旅賃程度を稼げる能力を持っています。自分の腕で銭を稼ぐ。これは誰にでもできることではありません。ただ寅さんは、定職について、家庭を持ち、当時一般的になりつつあった「中流的な生活」を送ることができないだけなのです。

社会システムの外部を求め続けた「寅さん」

高度経済成長期を経た一億総中流化とは、社会の原理が統一されていく過程でした。寅さんは故郷という地縁、血縁で成り立っていた有縁の場において、「結婚しなさい」「定職につきなさい」といった、社会のシステムに取り込まれる臭いを感じ取ると、サッと逃げ出してしまいます。一方、自分の腕で稼ぎ、日本全国好きな場所で働いていながらも、宿代がなくなったり、どうしても故郷が恋しくなってしまうと、また戻ってきます。このように「逃げ出す」ことによって、寅さんは社会のシステムの内部と外部という「二つの原理」を行ったり来たりしていたのです。

『男はつらいよ』の劇中において、日本全国の豊かな自然や消えゆく風景とともに映されるのは、自然の中で生活を営む人びとの姿や、困っている人を「コスト度外視で」助ける寅さんの姿です。寅さんはこの「コスト度外視」という社会システムの外部に触れるために、故郷と日本全国を行ったり来たりしているといえます。社会の総中流化、標準化は、社会の内部が合理的な「水臭い」資本主義的原理によって構築されていく過程です。そこから逃げ出し、「コスト度外視な」世界に触れることで、寅さんは生きる力を取り戻すことができた。でも彼は、その世界の断片を実家にも求めてしまう。その結果、またも大喧嘩の末「水臭いじゃねぇか」という台詞とともに、家を飛び出すことになってしまうのです。

寅さんは故郷で、また喧嘩をして家出することによって、社会システムの外部に触れ続けることを求めていました。定住して定職につき、税金を払い、結婚し、マイホームを持つことが「標準」とされた時代。一九六九年から九五年まで続く、映画『男はつらいよ』シリーズでは、妹さくらが堅実につつましい「普通の生活」を築いていく一方で、寅さんは変わらずいつまでもフラフラしています。シリーズ途中までは、「家庭を持たないのか、いい加減にしっかりしろ」と「標準化」の圧力にさらされてきた寅さんも、徐々にそんなことも言われなくなります。年老いていく渥美清とともに、寅さんの存在はますますフィクションと化し、無力化され、幻想としての「名言おじさん」に変わっていってしまいます。でも本来の「男はつらいよ」は、一つの原理の中だけでは生きられない寅さんが、もう一つの原理に触れることだけを求め続ける「一人ぼっちの闘争記」なのです。

すぐに出ていってしまう寅さんを、帰ってくればあたたかく迎えてくれる故郷は、本来は社会の外部にあるものです。しかし寅さんから見れば、社会の外部であるはずの故郷や家庭が水臭くて合理的な社会によって浸食されてきている。寅さんが「おいちゃん、それをいっちゃあおしまいだよ」と発するとき、彼は「おじさん、そんなドライなことを言ってしまうと、コモンズであるはずの家庭や故郷が社会のシステムに侵されてしまうよ」と警鐘を鳴らしているのです。

そんな寅さんの主観に寄り添ってみると、寅さんの家での喧嘩は近代対前近代の構図にも似ています。近代社会に生きる人間は地縁、血縁をはじめとする「自然」と縁を切り、理性や自主性を持った一人の人間として独立します。この独立した人間が個人であり、個人の集まりが社会です。しかし前近代はそうではありません。人間は自然なしでは生きていくことができなかった。自然から直接に生活の糧を得ていたし、自然のほうにこそ生殺与奪権がありました。だから人間は、その自然を創造したものとして神を創り出し(それ自体を神だと思ったり)、祈ることで何とか説明をつけようとしてきたのです。そういう意味では、人間は人間だけで生きているのではなく、さまざまな説明のつかないものの制限の中で生かされていることを知っていました。

この近代と前近代の構図は、文明と自然、秩序と無秩序の構図でもあります。近代以降、特に文明や秩序の側の力が強くなったように見え、人間が自然を制圧したように錯覚されてきました。しかしコロナ禍をはじめ、数多くの災害や気候変動によって生活が危機に陥っている現在では、人間が自然を完全に制圧しているという見解を支持する人は少ないでしょう。それはなによりも、近代と前近代、文明と自然、秩序と無秩序といった二つの原理が補完性をなくし、対立的になってしまっていることが原因です。そういう意味で、二つの原理を行ったり来たりする「異人」の存在は、社会に補完性を取り戻す役割を果たします。そのヒントとして、ぼくの専門の古代史から一例をあげたいと思います。古代都市文明の原型を形作ったメソポタミア文明で語り継がれた「ギルガメシュ叙事詩」の主人公のうちの一人、エンキドゥです。

「ギルガメシュ叙事詩」とは、世界最古の都市文明をつくったシュメル人が残した人類最古の物語です。主人公のギルガメシュは、三分の一は人間、三分の二は神の、都市ウルクを治める王でした。しかし住民を横暴によって苦しめていたため、神はライバルとして人間と獣の中間的存在、勇者エンキドゥを粘土からつくりました。二人は激闘の末、無二の親友となります。そしてギルガメシュが森の神フンババを倒しに行こうと言った際、エンキドゥは涙を流して反対しますが、結局二人で倒してしまう。最終的に神々の怒りを買った二人は、どちらかが死ななければならなくなり、エンキドゥが死を選ぶことになります。

ギルガメシュと異なり、エンキドゥは神が土からつくった人間です。ここからも半文明、半自然の存在であることがわかります。またギルガメシュから「レバノン杉の森を切り開き、すべての悪（＝フンババ）を国から追い払い、我々の名を永遠に刻もう」と遠征の話を持ち掛けられたエンキドゥの目からは涙が溢れ、遠征に強く反対します。神から与えられたフンババの「天命」を変えることに強い罪悪感を覚え、フンババが「人びとの恐れ」とされているという理由でエンキドゥが抵抗したというこのエピソードにも、人間と自然、双方の間で揺れるエンキドゥの異人的な立場が表れています。さらにこの後冥界から戻ってきたというのですから、エンキドゥはまさに二つの原理を股にかける人物だといえるでしょう。

これまで人類は、ギルガメシュとエンキドゥが引き起こした、自然を制圧して文明を成り立たせているという罪をエンキドゥ一人に背負わせて死なせたり、故郷と日本各地を行ったり来たりして社会のシステムから逃げ回る寅さんに「しょうがないやつ」とレッテルを貼ることで、秩序を正常に保ってきました。社会の外部にあるコントロールできない自然の影響が悪い形で内部に及ばないように、「異人」をいわばスケープゴートにしてきたのです。しかし現代社会では内部の均質性が高くなり、外部が消え、原理の統一化が進んでいきました。すべてをお金で交換可能なものにするシステム、資本主義の原理が社会を覆い尽くし、外部につながる回路にアクセスすることすら難しくなってしまった。本来、働かず、給料を稼げず、「生産性のない」人は、社会の外部への回路という貴重な存在でした。それが今では、「存在してはならない」かのように思われてしまっている。ぼくが直感的に必要だと思ったのは、そもそも数値化なんてできない外部に触れる経験です。ぼくたちが東吉野村へと命からがら逃げ出したのは、まさに外部への回路をなんとか回復させるためだったのかもしれません。

現代における「アジール」とは

古来、時の権力や社会における支配的な原理と別の原理が働く場のことを、アジールと呼びました。アジールは一般的に「庇護を享受できる平和の場」であるとされ、世界各地に存在していたといわれています。中世史家・網野善彦によると、前近代社会は地縁・血縁が社会の基礎にあったため、アジールは無縁の場でした。だが、現代のアジールはどうでしょうか。資本主義の発展により、人びとは地縁・血縁といったしがらみを断ち切って個人となり、自由を得てきました。つまり無縁の状態を自由だと感じてきたのです。この場合の「自由」は、「商品を買うこと」によって得ることができます。しかし資本主義が過度に発展した結果、経済格差が生じてきました。つまり「商品を買えない」人たちが出てきたのです。今まで有縁の場が担っていた「セーフティネット」的要素まで商品化されている現代社会において、「商品を買えなくなる」ことは自由を失うことである以上に、生きていけないことを意味します。すべてが商品化された無縁的現代社会において、この問題を解決するには、再び有縁を取り戻せばよいのでしょうか。地縁、血縁によって構成される社会に再び戻ることは、それを捨てて自由を得てきた人類にできることなのでしょうか。そもそも、何と「縁を結び直す」べきなのでしょうか。

ぼくは、社会の外部と縁を結び直すことが必要だと思っています。それができる場を、「現代のアジール」と呼びたい。ではどうすれば、外部との回路を取り戻すことができるのでしょうか。ぼくが参考にしたいのは、一九世紀を生きたアメリカの作家であり思想家、ヘンリー・D・ソローです。彼の代表作として知られる『森の生活』は、ウォールデン池のほとりで二年二か月にわたり、自給自足の生活を送った様子を記したものです。そもそもなぜソローが人里離れた場所に身を置くことになったのかというと、直前に亡くなった兄との川旅の思い出を文章にまとめるためでした。結果的に彼は、社会から距離をとり自給自足の生活を送ることで、それまでの自分や社会から独立することができました。

なぜソローは独立を果たすことができたのか。それは社会を捨て、自給自足の生活を送ったからではありません。社会の外部の原理に触れる経験をしたことで、彼が社会の内部と外部を行ったり来たりできる確信を得たからです。アメリカ文学者の伊藤詔子は、『森の生活』の章構成にそのことを読み取っています。伊藤によると、『森の生活』の隣り合う章同士が「孤独」と「社会」、あるいは「幻想的な内容」と「現実的な内容」の対照的な組み合わせになっています。そしてこの構造自体が、『森の生活』が、まさに森と町、孤独と社会の、自然と文明の境界領域の作品であることを暗示している。ソローはその境界に立っているというのです（伊藤『はじめてのソロー』四七－四九頁）。

ぼくもまさにそうだと思います。特にソローの最もすごいところは、ウォールデン湖畔で暮らしたわずか二年二か月で「二つの原理で生きていくこと」を会得したことです。しかもこの間ソローは、アメリカ政府の政策であるメキシコ戦争と奴隷制に反対する意味で人頭税支払いを拒否し、わざと逮捕されています。後にこのときのことを講演で話し、『市民の反抗』という作品にまとめます。まさにソローは、社会における「異人」の役割を意図的に演じたのです。単に権力に反発したのではなく、放っておくと固定化してしまう社会に対してその外部を意識させることで、できるだけ風通しよく、健全なものに保とうとしたのだと思います。ソローは以下のように述べています。

自由の避難所となることをひき受けたある国家の人口の六分の一が奴隷であったり、国全体が外国の軍隊によって不当に蹂躙されたり征服されたりしたために、軍政に従わねばならなくなったりした場合、誠実な人間はただちに反抗と革命を起こすべきだと私は考える。この義務の履行がいまやとりわけ緊急を要するわけは、こうして蹂躙されている国家がわが祖国だからではなく、ほかならぬわが軍が侵略軍となっているからである。

（ヘンリー・D・ソロー『市民の反抗』岩波文庫、一九九七年、一六頁）

相反する二つを対立させ、その対立を乗り越え、一つに統一していくことが近代的な問題解決の仕方でした。しかし社会が経済発展する過程において、都市と農村という二つの原理のうち、都市の原理だけが強くなりすぎてしまった。ソローは湖畔の森で生活することや、国民の義務であった税を支払わないことによって、そもそも人間社会に存在した二つの原理を取り戻そうとしたのです。そういう意味で、ぼくが考えていることはソローと似ています。外部と縁を結び直したい。その「回路」を確保するために、「異人」が生きていける場としてのアジールをつくる必要がある。

つまりぼくが考えたいのは、対立を終わらせる方法ではなく、対立を続けていく方法です。それは傷つけ合うことを目的とするのではなく、二つの原理を保つための「闘い」です。この「闘い」をどう捉えるかが重要です。近代的な総力戦・殲滅戦だと捉えてしまうと、それは違います。二つのうちどちらかが滅亡するまで完膚なきまでに叩き潰すのではなく、闘う相手がいることによって社会が存続していくことを前提にした「闘い」。最終的な決着・解決を目指すのではなく、いったんは勝ち負けが決まるけれども、また再び始まるような「闘い」です。「闘い」を通じて問題を明るみに出し、それをきっかけにコミュニケーションを誘発する。すると、そこに物語が生まれるのです。闘うことを目的とした「闘い」。終わらせてはならない「闘い」です。

勘違いしないでほしいのは、地方移住をして自給自足の生活を目指し、現代社会から今すぐ足を洗えと言っているわけではありません。そうではないのですが、数値化を前提とした資本主義的・都市的原理に対抗できる別の原理の力を高めておかないと、なにより心が苦しくなってしまうし、自然環境も保護することができず、社会自体を存続することができません。現代は資本主義的・都市的原理だけが社会の原理になってしまっていて、この社会の外部を想像することすら難しくなっています。例えば、インターネットが整備され、ＳＮＳが発達した現代に、寅さんやエンキドゥ、ソローが生きていたらどうでしょう。なかなか社会の外部には触れられないのではないかと思います。だから、この状況を抜け出せないのは個人の資質の問題ではありません。

個人ではどうしようもできないときに必要となるのが、「場所」です。ある空間に身を置くことで、意識的に取り入れることができない情報を、身体が無意識的にインストールしてくれます。そのような意味で、資本主義的原理に負けない、外部に触れる経験ができる場所が必要なのです。現代社会において「異人」が生きていけるような、アジールとも呼べる、数値化不能な場をつくりたい。世の中に存在しないものがほしいとき。その方法は「手づくり」しかありません。むしろ「手づくり」すると、必然的にまだ形を成していない「未分化なもの」になるはずです。

まず、その第一歩は逃げること。「闘う」ために逃げるのだ。

対話1

逃げ延びるという選択

栢木清吾×青木真兵×青木海青子

二〇二〇年六月六日収録

栢木清吾（かやのき・せいご）

一九七九年生まれ。神戸大学総合人間科学研究科博士後期課程修了。現在、同大学国際文化学研究推進センター研究員。立命館大学ほか非常勤講師。共著に『ふれる社会学』（北樹出版）、『出来事から学ぶカルチュラル・スタディーズ』（ナカニシヤ出版）など、翻訳書にニケシュ・シュクラ編『よい移民』、パニコス・パナイー『フィッシュ・アンド・チップスの歴史』（共に創元社）などがある。

青木海青子（あおき・みあこ）

一九八五年兵庫県生まれ。七年間、大学図書館司書として勤務後、東吉野へ。現在は私設図書館「ルチャ・リブロ」を営みながら、陶と刺繍で制作を行う。夫・青木真兵との共著『彼岸の図書館——ぼくたちの「移住」のかたち』（夕書房）、『山學ノオト』『山學ノオト2』（エイチアンドエスカンパニー）がある。

青木真兵（以下、青木）　本日のゲストは、移民研究者で翻訳者の栢木清吾さんです。先日はルチャ・リブロにお越しいただき、ありがとうございました。

栢木清吾（以下、栢木）　こちらこそお世話になりました。ぼくは大阪の南の方に住んでいますから、奈良南部にあるルチャ・リブロは「山向こう」といった感覚で、実際、車でならそれほどの距離ではないのですが、道中、結構迷いました。「えっ、ほんとにこの山道を入っていくの」って（笑）。以前写真を見せてもらったことがあるので、「なるほど彼岸というだけあって、最後は橋を渡るんだな」と、そういうつもりで行ってみたら、これが思っていたよりずっと小さい橋で、軽自動車でも渡れない。それで川沿いに車を停めて、歩いて橋を渡ると、杉の並木道の向こうに図書館が見えている。このアプローチがまさしく「異界」に入っていくような感じで、とても印象的でした。辿り着くまでにそこそこ時間がかかるというのも、結果的に雰囲気が出て、よかったです。

青木　『彼岸の図書館』には、ぼくたちの移住プロセスをそのまま記録しています。だから考えていたことと行動が違っていたり、ぼくの言っていることが最初と最後で少し変わっていたり。反対に、ぼくは無意識だったのですが、全然変わっていないこともある。そういう意味で、「時間」が内包された本だといえます。時間が経ってどんどん変わっていくのも、「逃げる」とか「移動する」ことをした人の特徴かもしれませんよね。

青木海青子（以下、海青子） 栢木さんは『彼岸の図書館』で私たちが「逃げ延びた」と書いたことに注目してくださったのですよね。

栢木 はい、タイトルに「移住」とありますが、何か将来への夢とか、理想の暮らしについて明確なイメージといったものが先にあって、その実現のために居を移したという話では全然なくて、都会での生活がしんどくなって、「命からがら逃げ延びた」と書いておられるのが、ぼくにはリアリティがあったというか、ラディカルにすら感じられました。

ぼくは移民を専門に研究していますが、最近は特に、移住という行動の中の「逃げる」という側面に関心を持っています。サンドロ・メッザードラというイタリアの研究者が、移民をテーマに『逃走の権利』（人文書院）という非常におもしろい本を書いています。ちょっと難解な本なんですけど、簡単に言うと、メッザードラは、逃亡や離脱や移住などの移動の中に闘争の次元を見出し、移民現象をひとつの社会運動、政治運動として捉え直そうとしています。「逃げる」という行動は、現実と対峙しない、消極的で臆病な反応とみなされがちですが、それは積極的な意思表示でもあるのだと。自分が所属している組織なり、共同体なり、社会なりに、自らの行動を通じて「否」を突きつけることですから。現状に不満や異議があるから、そしてもうそれ以上付き合っていられないと判断したから、逃げるのです。

ぼく自身の研究に引き寄せて話すと、ぼくは院生のころから、イギリス植民地期のインドから北アメリカに渡っていった移民のことを調べています。当時イギリスは東アジアや東南アジアで、兵士や警官、プランテーションの労働者として、大量のインド人を働かせていました。イギリスの帝国経営の一部はそういう移民によって支えられていたわけです。ですが、そういうインド系の移民のなかから、現地でいろいろと情報を得て、アメリカやカナダに再度移民していく人たちが結構いました。海の向こうには働き口がたくさんあって、どうやら賃金も高いらしい。そういった経済面での条件のよさに引かれたというのが移住の大きな理由です。ですが同時に、そうした移住には、「イギリスの手先として働くなんてもう御免だ」という判断や意志を読み取ることもできるのです。実際、アメリカやカナダの太平洋岸では、そういうインド系の労働者たちを支持基盤とした反植民地運動の拠点がいくつもできました。

何らかの困難に見舞われたときに、立ち止まって「敵」と対峙することはもちろん戦いですが、「逃げる」というのも、ひとつの戦いのかたちだと思うのです。それだって主体的で能動的な行動です。そういうわけで、真兵さんと海青子さんの本は、「移住」の話の体裁をとっていながらも、現代社会批判に力点が置かれているところに、とても一貫性を感じました。

あと、『彼岸の図書館』を手に取ったのは、ぼく自身が「移住」したからでもあります。ぼくの実家は代々農家で、そんなに広くはないですが、一応農地があります。その家業を部分的に継承していこうと考えて、三年ほど前にいわゆる「Uターン」をしました。ですから、「地方移住」とか「二拠点生活」といったテーマには関心があり、いろいろ本や雑誌の特集を読むんですが、正直いまいちピンと来るのがなかった。そもそもぼくは、田舎の閉塞感や地縁血縁のしがらみ、村落の行事に当たり前のように駆り出されるといったことが嫌で地元を離れた口ですし、農業がいかにしんどい仕事かも子どものころから直に見てきていますから、「田舎暮らし」や「農的生活」への憧れが全くありません。割と楽しんではやっていますけど、ぼくにとって農業は、あくまで生計の手段です。かといって、それだけで食べていけるとも思っていません。ですが、それを一種のベーシックインカム[*1]と考えれば、やりたくない仕事を減らせるんじゃないかと考えたのです。ベーシックインカムは本来、国から支給されるものですけど、国はアテになりませんので草木に恵んでもらおうと。非常勤で授業を一コマ、半年担当して得られるぐらいのお金は、レモンやスダチを三、四本世話していれば稼げるんです。しかも果樹はちゃんと管理すれば、一〇年、二〇年とお金を生み続けますから、非常勤講師の職より安定的でもある。実際、ぼくは農業を始めてから、労力に見合わないと思っていた非常勤の仕事をいくつか人に譲りました。

そうやって仕事を辞めるのは、書きたい本や訳したい本のための時間を確保するのが目的なので、田舎での「人とのふれあい」や「村おこし」的なことにかかわって時間を取られるのも、本望ではない。そういうものからも「逃げて」おきたいんです。そういう意味で、お二人が「夢」や「自己実現」や「地方創生」という物語に乗らず、自分たちにとっての「ちょうどよい」場所、「伸びやかに考えるための余白」を得るために、東吉野村に住んでいると書いておられる点に、とても親近感を覚えましたし、正直で信頼の置ける人たちだなと思いました。で、興味を持ったので、『彼岸の図書館』のブックイベントにふらりと行ったというのがご縁で、今に至ります。ぼくが訳した『よい移民』(創元社)の編集を担当してくれた太田明日香さんが、『彼岸の図書館』の中で真兵さんと対談していたのも、ご縁のひとつですね。

二つの間の距離をはかりたい

青木　初めてルチャ・リブロに来てくださったとき、三時間くらい一気にしゃべりましたよね。そのときの共通の話題が、今の大学への違和感でした。

＊1　最低所得保障。国民の生存権を守るため、政府が国民全員に無条件で、生活に必要な最低限の額の現金を定期的に給付する制度。

栢木　ぼくも真兵さんも、外の世界とは一種隔絶した「アジール」として機能していたころの大学の匂いを覚えているほぼ最後の世代なんじゃないですかね。大学はどんどんと、真兵さんの言葉を借りれば、「深く息が吸えない」場所になってきているように思います。ぼくにとってそこが「職場」にもなってしまったから、そう感じるようになっただけかもしれませんけど。学生たちにとっては、まだまだ特別な空間なのでしょう。でも次第に「自由」や「自治」の部分が削られていっています。昨今はグランドで勝手にサッカーしたり、芝生の上でバーベキューしたりすると、当局に怒られますから。あと、ある時期から購買でビールが売られなくなりました（笑）。

実際、最近は特に用事がないとキャンパスに行かない、という学生がほとんどなんじゃないでしょうか。ぼくなんかは、大学はヒマだけど他に行くところもないし、というときに、同じようにヒマなやつを探しにいくところぐらいに思っていたのですが。先生も、昔は変わった人が多かったけど、今の先生はとてもちゃんとしているというか、ちゃんとすることを強いられます。ぼくは背広を着て毎日定時に出勤するという働き方は自分にはできないと思って、だらだら大学に残っていたのですが、だんだんと自分の生活が会社員とさほど変わらなくなってきている気がします。そんなことを言うと、真面目に企業で働いている人に怒られそうですが。でも正直言って、大学にいると、読みたい本を読む時間も取れないような状況になってきています。だから、読書や研究、人との議論など、自分にとって大事な時間を確保するためには、大学以外に拠点を持つことが必要だと考えるようになりました。

青木 そうですよね。「大学以外の拠点を持つ」ことはすごく考えますし、ルチャ・リブロもそういう文脈にあると思うのですが、そもそも大学だけに問題があるのかなとも思っています。大学という制度を真に受けすぎている側面もあるのではないか、と。思い起こすと、ぼくは東吉野村に来る前から逃げてきた気がするんですよ。

栢木 大学院のゼミから「逃亡」したと書いてらっしゃいましたね。

青木 そうなんです。「あれは逃亡だったな」と自覚している最初が、大学院時代のことです。ぼくは学部時代、考古学専攻でしたが、大学院では西洋史、古代地中海史を研究しました。考古学と西洋史って似ているようでいて、方法論も違うし、資料として用いるものがマテリアル（物質）と文字という違いもある。歴史学は文字から人間生活を再構成する学問ですが、考古学のメインは物質です。大学院で入った西洋史ゼミの先生は厳しくて、今考えるととてもありがたいのですが、何かを主張すると「その根拠はなんだ、エビデンスを示せ」と言われました。エビデンスが求められるのは当然なのですが、資料自体の残存量が少ない考古学という世界から来たぼくには、それが窮屈に感じてしまった。

そんなとき読んだ内田樹先生の本に「世の中はエビデンスのあるものばかりではない。物的根拠はないが直感的に感じるものもある。存在するものと、『存在するとは別の仕方で』存在するもの、その両方があるのだ」と書いてあった。ぼく自身、数値化や言語化できないものも大事じゃないかと内心思っていたので、すごく心強く感じました。そこでまず西洋史の大学院をいったん「逃亡」し、エビデンスにかかわらず自由に物を言える場所を求めて、内田先生の大学院ゼミにも出入りするようになったんです。

ただ、同じ「逃げる」でも、家出と出家は違いますよね。戻ることが前提の家出に対し、出家は戻らないことを前提にしているはずです。ぼくにとって内田先生のゼミに行くことは、やっぱり家出だったのだと思います。エビデンスの世界を完全否定したいわけでも、エビデンス以外の部分だけを信じ切りたいわけでもなかった。二つの間を行き来したかったというか、距離感を自らの足で測りたかった。エビデンスとエビデンスじゃないものの間のグレーゾーン、自由裁量のきく部分を、身体を通して知ることによって、自分の感覚をもっと言語化したかったのではないかと、最近になって思うんです。

「彼岸」としてのルチャ・リブロを作るのも同じで、数値的成果ですべてを測る現代社会としての「此岸」とは違う世界を「彼岸」として持つことで、両者の距離感を測り、自分なりのやり方で「此岸」に向き合おうとしている。自分の感覚を具現化していくためのプロセスが、その「行ったり来たり」なのだと思います。その第一歩が「逃げる」というアクションだったのだと、振り返っています。

栢木　「距離をはかる」というのはすごくわかります。ぼくも含めて、現在の大学にいる教員や職員の大半は非常勤です。非常勤というのは一時間いくら、一コマいくらで働いているわけですから、逆にいえば、それ以外の時間は自由なはずです。でも現実には、授業の準備や採点など、ものすごく時間外労働をしますし、会議や講習会があったり、夜間に事務的なメールもいっぱい届きます。あんまり関心がないテーマの研究会だけど、知り合いの先生だし顔を出さないとな、と義務感を覚えてしまったり（笑）。それでぼくは、どうにかして自分の時間を取り戻そうと考えた結果、とりあえず物理的に距離をとることにしました。片道二、三時間かかるところに住んでいれば、そんなに気安く呼び出されることはありませんので。

研究の世界と決別したつもりはありませんし、大学にも片足を残しています。さっき真兵さんが言ったように、「行ったり来たり」しています。でも「田舎に引っ込む」と言うと、反対されることもありました。「諦めずに、もうちょっと頑張れ」とか「せっかく博士号まで取ったのにもったいない」とか。「都会で夢破れて田舎に帰る」というイメージを抱かれているのでしょう。でも、みなさん善意で言ってくれているのだし、あまりそこで議論を始めると逃げにくくなりますから、そのイメージに乗っかっているところもあります。自分からはそうは説明しませんけど。

唐突ですが、ドラマの「逃げるは恥だが役に立つ」[*2]は今も人気が高くて、また続編が作られるようですけど、あれは秀逸なタイトルですよね。確かハンガリーの諺が由来だったようです な。規範的だとされている家族観やジェンダー役割、働き方など、さまざまなものがテーマになっていますが、「逃げるのもアリ」だと明言されているのがいい。乱暴な比較ですが、アニメ「新世紀エヴァンゲリオン」の主人公の碇シンジくんが、急にエヴァに乗せられて、よくわからない敵と戦わなくてはいけなくなったときに、「逃げちゃダメだ」と自分に言い聞かせ続けるのを、みんなで固唾を呑んで見守っていた九〇年代に比べれば、少しは風通しがよくなった気もします。まあ、シンジくんは今もエヴァに乗ってるんですけど。「逃げ恥」に話を戻すと、「恥だが」と留保がついているところが重要で、誰しも軽やかに逃げられるわけではなく、周りと軋轢も生まれるでしょうし、悔恨や罪悪感を抱いたり、後ろ髪を引かれる思いをしたりもするでしょう。追っ手が来ることだってある。でも、「しんどくなったら、逃げてもいいんだ」という選択肢が頭にあるのとないのでは、息苦しさの度合いは全く変わってくるんじゃないでしょうか。

生き延びる術としての「逃亡」

青木　栃木さんもおっしゃるように、ぼくにとっても「研究」はとても重要なテーマです。でも、今の大学で求められる研究者像や研究像は、どうも狭いものに感じてしまう。もちろんこれは個々人の資質の問題ではなくて、学生を集めてくるために高校に出前授業に行ったり、研究費を得るための書類仕事に追われたり、単純に大学教員の仕事が研究だけではなくなったことが原因だと思います。

海青子　エヴァンゲリオンのシンジが言った「逃げちゃダメだ」には、目の前の現実には真正面から向き合わないといけないという意味合いがあると思いますが、その現場、渦中にいなくては向き合っていることにならないのかというと、そうではない気がします。大学の中にいなくても研究はできるし、むしろ、少し距離を置いている人のほうが実のある思考ができるのではないかとさえ感じます。

栃木　そうですね、「渦中にいない」からこそやれることはありますよね。ぼくが自分の仕事

＊2　二〇一六年にTBSテレビ系で放送された、海野つなみの同名漫画作品が原作のドラマ。タイトルはハンガリーの諺「恥ずかしい逃げ方だったとしても生き抜くことが大切」を意味する「Szégyen a futás, de hasznos.」から来ている。二〇二一年一月には、主人公二人のコロナ禍の結婚生活を描いたスペシャルドラマも放送された。

のひとつとして、学術書の翻訳をやっているのにも、そういう側面があります。先ほど言ったように、最近の大学の先生は本当に忙しいですから、なかなか翻訳の仕事にまで手が回りません。業績としてあまり高く評価されなくなったこともあって、院生や若手の研究者が熱心に取り組むインセンティブもなくなってきています。でも、絶対日本語訳があったほうがいい本、あったらみんなが助かるはずの本はあるわけで、だったら、他の仕事をちょっと減らして、自分がやろうかなと思ったのです。論文というものは書いても一銭ももらえないのが普通ですが、出版翻訳は一応印税が入ってくるので、収入源にもなりますし。もちろん、それだけで生活はできませんが。それに、翻訳者という職業にはたぶんタイムリミットがあります。今後、機械翻訳がもっと発達すれば、仕事は劇的に減るでしょう。ぼくが少しずつレモンやリンゴの木を植えているのは、そうなったときのさらなる逃げ場を用意しておくためでもあります。果樹はモノになるまでどうせ一〇年近くかかりますので、タイミングとしても丁度いいような気がしていて。

青木　よくわかります。ぼくもそれまでいた、大学への就職を目指して研究をし続ける世界では、これ以上生きていけないという直感と実感があったから山村に引っ越しました。二人とも体調を崩してしまったし、収入と家賃を計算すると、夢を追いかけて生きていくには無理があった。アカデミズムの世界で生きていくためには、自分の好きなものを変えるか、元気が失われるようなことに携わらなくてはならない。その意味で、移住はネガティブなだけの選択ではなかったけれど、決してポジティブな夢だけに溢れていたわけでもありません。このあたりが、自分たちの行動を「命からがら逃げ延びた」と表現している由縁です。

そういえば「逃げ延びる」物語は、人類の歴史にはたくさん出てきますよね。特徴的なのが、ノアの方舟に代表される洪水譚です。洪水によって世界が一度終わり、水が引いた後に新しい社会を作っていくという創世神話は世界中にある。この世界ではもう生きていけないと感じた人びとは一度避難し、水が引いた後で戻ってくる。このような、いったん別の場所へ避難するという感覚も、現代社会では失われている気がします。人によって何を安心とするかは違ってくるから、人それぞれの避難所、シェルターがある。まず必要なのは、自分にとって安心できる避難所のイメージを明確にすることなのではないかと思います。

「逃亡」から始まる社会変革

栢木　繰り返しになりますが、現状から「逃げる」移動を決してネガティブなものとして捉えないというのは、移民研究者として、ぼくがとても大事にしているポイントです。ヤン・ムーリエ＝ブータンというフランスの研究者が、移民は「近道」をするという表現をしています。近道をするというのは、待たされ続けることをもう我慢しない、ということです。自分のいる国が豊かで平和になるのを待っている時間がない。自分はまだしも、家族や子どもの今後を考えたら、そんな悠長なことをいっていられる余裕はないんだ、と。

先日、これも『彼岸の図書館』からのご縁で、同じ夕書房さんから出た、鷺尾和彦さんの写真集『Station』に推薦文を寄せました。ウィーン西駅のホームで列車の到着を待つ難民たちの様子を撮影したとても美しい写真集です。ぼくには、そこで待っている人たちの姿が、未来をひたすら待たされている今の世界の縮図のように見えました。自国の経済発展や内戦の終結、男女で差別されない教育の機会といった未来を、待たせられつづけている人々が世界にはたくさんいます。写真の人々の姿そのものが「もうこれ以上待たないよ」という意志の現れのようにも見えて、とても感銘を受けました。

故郷に留まって事態を打開するために、変革のために戦うことを選ぶ人もいます。もちろん、それも尊いことです。でも現状の経済状況なり政治体制なりに早々に見切りをつけ、そこから逃げるという選択も、同様にポジティブな行動だとぼくは思いますし、それが変革への道を開く可能性もあると思います。多くの人間が逃げ出すとシステムが成り立たなくなりますから。農民や奴隷が大量に逃げ出せば、荘園制や奴隷制は崩れますし、一時的であっても職場に行きませんという意志を集団で示せば、つまりみんなで逃げれば、経営側が譲歩してくる可能性だってあります。少なくとも、そこに問題があることが、他の人に伝わります。ついでに言うと、江戸時代の日本の農民もよく逃げました。『逃げる百姓、追う大名』（宮崎克則著、中公新書）という滅法おもしろい本がありまして、それによると、よりよい生活を求めて農民が流出していくのを防ぐために、大名は年貢を減らすなどの工夫をしなければならなかったようです。このあたりの日本史は、真兵さんのほうが詳しいでしょうが。

海青子　『彼岸の図書館』を読んだ方から、「結局、図書館を作ったのは成り行きであって、考えているだけで何も具体的な行動には移していないじゃないか」と言われることがあってモヤモヤしていたのですが、私たちが「逃げた」ことは、現代社会はもういられない場所なんだよということを伝える主体的な行動だったのだと、今お話を聞いて思えました。不在にした場所のことをどうでもいいと思っているわけではなく、もう少し呼吸がしやすい場所に変わってほしいと常々思っていますし。だから栢木さんがそこに注目してくださったのは、とてもありがたかったです。

栢木　それは『彼岸の図書館』というタイトルにも示されていると思いますよ。「此岸」へのアンチテーゼなわけですからね。たとえ、みんながそこに逃げ込むわけではなかったとしても、「彼岸」の存在が、現状に疑問を持つきっかけになるかもしれませんし、「此岸」で生きていくための、心の拠り所になるかもしれません。

自分の中で二つの世界を行き来すること

海青子　以前、大学のキャリアセンターは会社の入り方は教えるのに、辞め方を教えないとおっしゃっていましたよね。

栢木　はい。先ほどちょっと触れたように、昨今の大学はどんどんと企業の論理に侵食されてきています。それが一番顕著なのは就職活動でしょう。今どきの大学生は三年生になったら、早い場合は二年生のころからインターンシップというかたちで就活を始めなければなりません。そのスピードに追いつけず、将来何がしたいかまだわからないからといった理由で修士課程に上がることを検討する学生がときどきいますが、修士に入っても、入ったその年にもう就活が始まるわけですから、実質、大したモラトリアムにはなりません。一方、大学の方も宣伝やマーケティングの観点から「就職率」を売りものにしています。就職支援については学生からのニーズもあるでしょうし、それ自体を今さら否定はしません。ぼくが問題だと思うのは、大学のキャリアセンターが基本的に学生をどこかの企業に「入れる」ことしか考えていないことです。よく駅前の予備校に、東大合格何人、京大何人みたいな看板がデカデカと掲げられていますが、あれほどあからさまではないにせよ、やっていることは同じだと思います。とはいえ、学生の方は利口で、終身雇用なんてアテにしていませんから、二、三年働いてスキルを磨いたら転職するとか、海外で働くステップにするとか、お金を貯めてそのうち起業するとか、正しく、打算的にものごとを考えています。そういうキャリアプランの参考になるような情報も、世の中には溢れています。

でも、そうそう上手くいくとは限りませんよね。就職した会社がひどいところかもしれないし、早々に潰れるかもしれない。上司からハラスメントを受けるかもしれないし、家庭の事情で予期せぬタイミングでの退社を余儀なくされるかもしれない。要するに、何かあったときに、どうすれば次への道を残しつつ、自分だけがダメージをかぶるようなことなく、上手に会社を辞められるのか。本当に学生の将来を考えるなら、企業紹介だけでなく、そういう情報も提供してやらないと。残業代が支払われない場合はどこに訴えるのが有効か、いじめやセクハラは誰に相談すべきか、失業保険の申請方法、社内の労働組合には入るべきかどうか、生活保護はいくらもらえるのか……。そういう、いわば「非常口」や「避難経路」の存在を周知しておくことが大事だと思うのです。しんどくなったときに卒業生が母校に一時的にふらっと帰ってこられるような回路を作るのも大事かもしれません。ホームカミングデー[*3]というのがありますが、あれはきっと仕事や生活がうまくいってない人には参加しにくいものだと思うので。

青木　本当ですね。どうやったら勝ち組になれるのかばかり、みんな口にしますよね。それで思い出したのが、『出エジプト記』です。モーセが十戒を授かり、ユダヤ教の礎を築くお話ですが、これはそもそもヘブライ人（ユダヤ人）が迫害されていたエジプトから逃げる話ですよね。そう考えると、ローマの建国神話に出てくるアエネイアースは戦争に破れて敗走した人物だし、ぼくの専門分野のカルタゴという都市をつくった女王ディドーも、政争に負けて国から脱出した人物です。もといた場所から逃げる話が、宗教や神話、歴史、民族の根本にあるというのはすごくおもしろい。

『出エジプト記』で描かれる古代ヘブライ人はもともとは遊牧民でしたが、エジプトに労働者として連れてこられ、使役させられるうちに人数が増えすぎてしまい、長男は全員殺せと言われたことから、逃亡することになる。エジプトから逃げたかれらがどこに行くかというと、約束の地カナンに「帰る」んですよ。そこで自分たちの国、イスラエルを建国する。やっぱり逃げるとは、自分にとって一番安心ができる場所を探すという意味で、「もといた場所に帰る」という感覚が一番近いのかもしれません。

栢木　なるほど。

青木　避難場所が人それぞれだとすると、避難経路も全員に適用できるものがあるわけではなく、人それぞれの避難経路がある。

海青子　約束の場所は、人によって違う。

青木　そうそう。でも必ずしも帰るとか戻るという行動が、いわゆる「実家」に戻ることを意味するとは限らない。「もともと自分がいた場所」は、決して生まれ育った場所ではないかもしれないんです。もちろん、栢木さんのような人もいるとは思いますが。

栢木　そこはちょっと微妙なところで、先ほど言いましたように、ぼくは農業をするために田舎に戻りましたが、実家では暮らしていません。実家からそこそこ離れた、周りに全く知り合いがいない新興住宅地に住んでいます。屁理屈に聞こえるかもしれませんが、「帰農」はしたけど、ぎりぎり「帰郷」はしていないという感じでいます。それまでの自分のライフスタイルや時間の過ごし方を維持するためにも、生まれ育ったコミュニティとは一定程度距離をとっておきたいと思ったからです。

青木　それぞれの避難経路は、直感に従って避難した後になって初めて気づくことも多いですよね。ぼくが西洋史のゼミで苦しかったのは「エビデンスを示せ」といわれることでしたが、一度「家出」をしたことで、どうすればエビデンスを示せるのか、そもそもエビデンスとは何なのか、エビデンスは一種類しかないのか、などを学ぶことができました。今まで窮

＊3　大学や校友会が卒業生との関係強化を目的に主催する、卒業生やその家族、元教職員を招いてのイベント。

屈に感じていた「社会」のルールがわかり、振る舞い方が身についてくると、しんどさはずいぶん軽減される。家出をして二つの世界を持つことによって、ぼくはあの時期を乗り越えられたのだと思います。

海青子　やはり渦中に居続けないほうがいいのかもしれませんね。

青木　そう思います。先ほどの話でいうと、ユダヤ人はエジプトを脱出しましたが、その約一千年五百年後、エジプトには初期キリスト教が根付いていきます。現在もエジプトにはキリスト教徒がいますよね。つまり一神教徒にとって絶対的にエジプトという土地がしんどかったわけではなく、当時の社会体制が問題だった。例えばナチス政権下のドイツでも、迫害を受けてアメリカに亡命し、その後ずっと過ごした哲学者ハンナ・アーレントのような人もいれば、戦後は西ドイツに戻った政治家、ヴィリー・ブラントのような人もいた。政治や社会の体制によって、その土地における「生きやすさ」は変わってくる。

だから、しんどければいったん逃げて、体制が変わったらまた戻ればいい。この「行ったり来たり」をするためには、原理の異なる二つの世界が存在することを知っておく必要がある。ぼくの大学院時代はそういう二つの世界を行き来できる状況だったし、今勤めている社会福祉法人もそのあたり自由にさせてくれるので助かっています。でもこれがナチスドイツや北朝鮮のように、全体主義的で風通しの悪い世界であれば、やはり逃亡するしかない気がします。

逃げた物語が希望になるとき

栢木　『出エジプト記（エクソダス）』は、ユダヤ人だけでなく、さまざまな民族の歴史の中で参照されてきた物語ですよね。たとえば、今アメリカで新しい二〇ドル紙幣の顔にしようと議論されているハリエット・タブマンは奴隷解放運動の活動家で、一九世紀に南部から北部に奴隷を逃がしていた秘密組織「地下鉄道（アンダーグラウンド・レイルロード）」の指導者の一人ですが、その功績から彼女は「黒いモーセ」と呼ばれました。奴隷制からの脱出が、出エジプトの物語に重ね合わされていたわけです。同様に、レゲエやヒップホップなどのブラックミュージックの歌詞にも、現状からの「エクソダス」というモチーフはよく出てきます。

何が言いたいかというと、過去の逃亡譚は、後世の人間にとっての希望や戦いの資源になる、ということです。だから真兵さんと海青子さんが逃げ延びた話に、勇気をもらう人もたくさんいるんじゃないでしょうか。実際に東吉野まで行けば、まあ、「地下鉄道」みたいに逃げる段取りまでしてはくれないにしても、少なくとも情報は得られるでしょう。海青子さんがこの前ルチャ・リブロのことを「隠れ里」と形容されていましたが、とりあえず一時は避難させてもらえる。いずれにせよ、逃げ延びてこんなふうに山奥で暮らしているんだという話は、別の人の希望になりうるんじゃないでしょうか。

青木　そう言ってもらえるとうれしいなあ。

栢木　研究の話に戻ると、論文を書く作業なんて、サクサクとは進みませんよね。数ヶ月かけて一行も書けないとか、振り出しに戻るとかいうことも珍しくない。特に大学院生は、将来の先行きが見えない上に、周囲の人間関係もあまり変わらないから閉塞感を抱いてしまいがちです。でも、大学外の世界と接点を持つと違うかもしれません。現時点ではまだまだ低レベルだとしか思えない自分の知識を有用だと思ってくれる人がいるかもしれないし、それが仕事になることだってある。大学以外の時間軸や評価軸を持つことは、かなり大きいと思います。それが結果として、研究自体が長続きすることにつながる可能性もある。大学という場所のみに安住できて、うまくいっている人はそれでいいのですが、そうでもない人には、こっそりと避難経路を確認しておくことをお勧めしたい。

青木　そうですね、こっそりは大事（笑）。ぼくも院生時代、「内田ゼミに行ってきます」と大っぴらに宣言したりはしていませんでした。

栢木　昨今の大学院ではスピードと生産性を求められるので、学術論文を量産して、それらをまとめて早く博論を出さないと、というプレッシャーが大きく、論文に直結しないことをやっているヒマがありません。でも、いざ教える立場になると、実は専門から逸れた、論文執筆という意味では余計なこともやっておかないと、担当できる授業の「幅」が狭くなってしまい、困ったりする。ぼく自身、院生のときに頼まれて書いた、学術とは全く関係ないエッセイや小遣い稼ぎでやった翻訳が人の目にとまって、今の仕事につながっていますし。

青木 その葛藤は、ぼくもオムライスラヂオを始めたころしばらくありました。研究者なのにこんな適当なことをしゃべっていいのか、とかね。いつの間にか思わなくなりましたが。

栢木 「研究者」という自己規制を少しゆるめると、すごく楽になりますよね。なかなか難しいんですけど。

青木 『彼岸の図書館』を出すときも、少し緊張しました。あいつは本流、つまり大学への就職を諦めたと言われるのかな、とか。結局、ネガティブな反応はほとんどなくて、頑張っているね、という感じで受け入れてもらえています。相手にされてないともいえますけど（笑）。でも、そもそも大学に就職するとかしないとか、そういう次元だけで研究してはいけないなとも思いましたね。

一対一対応から逃げてみよう

栢木 「逃げる」話をしてきましたけど、社会の仕組みというのは、追いかけてくるんですよね。逃げる人間が増えてくると、逃亡を織り込み済みにしたかたちに、システムが更新されてしまいます。みんなが規律的な労働形態に異議を申し立てるようになり、離脱しはじめると、「じゃあフリーターという働き方がありますよ」、「フレックスタイム制はどうでしょう」となる。一見自由度が上がったように見えて、その実、以前よりも働き手の負担やリスクが増すことが多い。リモートワークだって、労働の時間と空間の制限がないという意味では、地獄ですよね。ですから、そこからまたどう逃げるかを考えないといけなくなる。

青木 ぼくは気にしないようにしていますね。ルールを守ったり破ったりして（笑）。あえてちょっと破ってみることもある。

海青子 小学生のころ、「忘れ物を取ってきます」と言って家に帰り、ゲームをワンラウンドやってから学校に戻っていたんですよね、真兵さんは。そんなルールとの向き合い方があるのか、と驚きました（笑）。

青木 一応帰宅の許可はもらっているけど、時間制限はなかったから（笑）。

栢木 それはシステムとの上手な付き合い方ですね。

青木　システムに身を委ね切るのが嫌なんです。すべてを委ねてしまったら、自分が自分である意味がないと考えてしまう。駅のホームで「白線の内側にお立ちください」と言われると、基本的には白線の内側にいるけれど、たまに踏み越えて電車の写真を撮ってみたりもしたい。そういう揺らぎを持たないと、楽しく生きられないんです。

先日、とある高校生と話したときに、「万が一のことがあると怖いので、車が一台も通っていなくても、信号は絶対に守ります」と言っていて、ちょっと心配になりました。システムにすべてを委ね、自らの責任を問われる状況を避けようとしているのではないかと。自由には責任が生じます。今の社会では、責任を負うことがマイナスの意味しか持たなくなっているのがすごく怖いし、世の中をつまらなくしている気がします。

栖木　翻訳でたとえると、一つの外国語の単語に、一つの日本語の単語を当てはめていこうとするとうまくいかないことが多いんです。たとえば、英語で「steamed rice」とあったときに、文脈にもよりますが、「炊いた米」と逐語的にやらずに、一語で「ごはん」と訳したほうが、日本の読者にはうまく伝わるということもある。逆に、英語には「terrible」や「horrible」「awful」「frightening」など、「恐怖」の感情を表す形容詞がたくさんありますが、それぞれを一語で受け止める語彙が日本語にはありません。だから、それらの「怖さ」のニュアンスの違いを伝えるには、言葉を足さなければならない。

それと一緒で、一つの事柄の責任をまるまる一人に引き受けさせるのではなく、複数人で受け止める方法を考えることが重要なんじゃないかと思います。子育てだって、一人や二人でみなければならないということはないはずですし、「家族」という一つの単位に押し込める必要もない。反対に、一人の人間が三つも四つも職業を持っていてもいいはずです。

青木　責任を誰か一人に押し付けて滞留させず、きちんと循環させるイメージですね。確かに仕事によっては、頼まれるとうれしいものもあるから、仕事＝うれしくない、と一対一対応をさせすぎてしまうと、世界は味気のない単純なものになってしまいます。

柳父章『翻訳語成立事情』（岩波新書）を読むと、「society」という英語が「社会」という日本語になるまでには、いろんな訳語が出てきたことが分かります。福澤諭吉は「交際」と訳していたりして、訳語によって受けるニュアンスはかなり違う。ぼくは、現代は翻訳の時代だと思います。一対一対応しすぎてしまった言葉と意味を一度解体して、言葉が持っている本来の豊穣な世界を取り戻していくことが必要なのではないかなと。

栢木　そう言ってもらえると励みになります。上手な翻訳者が訳した文学作品を読むと、辞書に記載されている言葉から訳語が選択されていないことが多々あります。原文の意味を表現しうる最適な言葉を、自分で練り上げているんです。「Lost in translation」という言い回しがあります。翻訳の過程で何かが失われてしまう、という意味です。もちろんある言語で書かれたものを別の言語で表現しようというのですから、失われるものは絶対にあります。でも同時に、何かが生み出されているともいえるんじゃないでしょうか。「誤訳」だとの批判を恐れて、辞書というルールブックを遵守していると、文章がとても味気ないものになるし、場合によっては、原文の意図を裏切ることにもなってしまいます。翻訳書を読むときには、そういう一対一対応からのズレも楽しんでもらえればと思います。

青木 振り返ると、ぼくも大学院時代、西洋史と内田ゼミを行ったり来たりする中で対人関係が変わってきたような気がします。それまではゼロか一か、殺るか殺られるか、あたかも悲壮な闘いのような関係だったのですが、必要に応じて相手の力を借りつつ、できそうにもないものは気にしないといった、合気道的な関係へと変わっていったように思います。

海青子 それ、わかります。初対面のときは真兵さんのこと、ちょっと苦手な人だと思っていたのですが、内田先生のところに通い始めた後に会ったら、変わったな、と思いましたから。

青木 きっと肩の力が抜けたのでしょうね。肩の力を抜いて、相手を受け入れつつ、こちらのパワーに変換していくような接し方を身につけていったのだと思います。

栢木 じゃあ、ぼくも困ったことがあったら、ルチャ・リブロに助けを求めに行きますね。あんまり簡単に行けないですけど（笑）。

青木 簡単に行けちゃダメなのかも（笑）。でも、ぜひまた来てください。此岸で疲れた人が戻ってこられる場所になればと思っているので。みんながいつでも出ていけて、戻ってこられる。戻ってきた人を自然と受け入れられるような社会を作っていきたいですね。

対話2

これからの「働く」を考える

百木漠×青木真兵

二〇二〇年八月九日収録

百木漠（ももき・ばく）

一九八二年生まれ。京都大学人間・環境学研究科博士課程修了。博士（人間・環境学）。現在、関西大学法学部准教授。著書に、『アーレントのマルクス――労働と全体主義』（人文書院）、『嘘と政治――ポスト真実とアーレントの思想』（青土社）、『漂泊のアーレント 戦場のヨナス――ふたりの二〇世紀 ふたつの旅路』（戸谷洋志との共著、慶應義塾大学出版会）などがある。

百木　ハンナ・アーレント[*4]の研究をしている百木と申します。大学院時代の研究テーマはアーレントとマルクスで、卒業後はアーレントとさまざまな思想家、さらには現代の問題を絡めて研究しています。今日のテーマである労働や仕事、働くことについての思想も研究してきました。

青木　百木さんとは一歳違いの同世代です。『彼岸の図書館』もお読みくださいましたが、いかがでしたか？

百木　おもしろかったです。まず東吉野村でこんな活動をしている人がいるんだ、ということが驚きでした。ぼくも奈良県出身なので親近感を抱きました。此岸と彼岸、資本主義のこちら側とあちら側を行き来するというアイデアも刺激的で、共感しました。地方移住というと、自給自足の生活に専念するとか、自然に囲まれた生活をロハス的に楽しむといったモデルが一時期流行しましたが、自分としては青木さんのように都市と地方を行ったり来たりするスタイルのほうが共感できます。

ぼくも今の大学の状況を含め、資本主義社会には常々疑問があるし、もはや限界が来てい

＊4　ハンナ・アーレント（一九〇六〜七五）ドイツ出身の政治思想家。ハイデガーとヤスパースに師事。一九三三年、ナチスの迫害を逃れてフランス、四一年にはアメリカに亡命。二〇世紀の全体主義を生み出した人間の条件と向き合い続けた。著書に『全体主義の起原』『エルサレムのアイヒマン』（共にみすず書房）、『人間の条件』（ちくま学芸文庫）など。

るとも思っています。でも旧来のマルクス主義のように一気に革命を起こし、こちら側からあちら側へ行ってしまおう、というのは難しい。最近では佐々木隆治[*5]さんや斎藤幸平[*6]さんがおっしゃっているように、長期戦なスパンで社会運動を広げながら、資本主義を変えていくしかない。そのときに、資本主義的領域とそうではない領域を行ったり来たりするというアイデアが重要になってくると思います。網野善彦[*7]の著作にも、人間界と自然界の間、聖なるものと俗なるものの間といった辺境に、一風変わったおもしろい人が集まってくる様子が繰り返し描かれていますよね。青木さんの活動も、そうした網野の系譜を継いでいるんじゃないでしょうか。

青木　『彼岸の図書館』の書名を考えていたときにもう一つ候補があって、それが「アジール」という言葉を使ったものでした。「アジール」とは網野善彦が『無縁・公界・楽』（平凡社ライブラリー）で紹介した、時の統治権力に支配されない場所のことです。現代の私たちも、意思にかかわらず資本主義的経済に参画せざるを得ない状況にある。とくに二〇代、三〇代の若い世代がその圧迫感を強く受けていて、ルチャ・リブロを始めてからは大学や高校などで「若い人たちに活動の話をしてほしい」と頼まれることが増えてきました。こんなに生きにくい社会にあって、なぜぼくらが楽しそうにしているのかを聞きたいみたいなんですよね。

百木　その気持ちはよくわかります。選択肢は企業に就職して働くだけではない、複数の仕事を持ちながら働くという選択肢もある、資本主義の外に一時的に避難することもできる、そう知るだけで、気持ちが楽になる若者は多いでしょう。

青木　そうだとうれしいです。ぼくの活動を自分なりに三つに分けてみました。①ルチャ・リブロの図書館活動、②大学やカルチャーセンターでの講義や学会発表を含む研究活動、③社会福祉法人職員としての障害者就労支援活動。この三つが不可分に結びついているところが、ぼくの活動のポイントかと。そしてその三つにおける関心の割合と収入の割合は決して合致していないし、しなくてよいと思っています。関心としては、暇なときはつい考えてしまう①が最も割合が高く、収入としては③が高い。重要なのは、関心のあることと収入を得られることは必ずしも相関せず、この三つが不可分に結びついていることなのではないでしょうか。

＊5　佐々木隆治（一九七四〜）経済学者。立教大学経済学部准教授。著書に『増補改訂版 マルクスの物象化論』（社会評論社）、『マルクス 資本論』（角川選書）、『カール・マルクス』（ちくま新書）など。

＊6　斎藤幸平（一九八七〜）大阪市立大学大学院経済学研究科・経済学部准教授。ベルリン・フンボルト大学哲学科博士課程修了。博士（哲学）。専門は経済思想、社会思想。著書に『大洪水の前に――マルクスと惑星の物質代謝』（堀之内出版）、『人新世の「資本論」』（集英社新書）など。

＊7　網野善彦（一九二八〜二〇〇四）歴史家。専門は日本中世史、日本海民史。著書に『日本中世の非農業民と天皇』（岩波書店）、『無縁・公界・楽』『異形の王権』（共に平凡社）、『日本の歴史をよみなおす』（筑摩書房）など多数。

例えば、就労支援の場面で利用者さんに「働くとはどういうことでしょう」と聞くと、皆さんまずは「お金を稼ぐこと」と言います。たしかにそれも含まれますが、だとするとルチャ・リブロのようなお金が介在しない活動は、現代社会では「働く」ことと見なされていないことになります。

現代社会では働く＝対価としてお金をもらう労働とされ、自らを、労働力を提供する商品として売りに出すことが「働く」ことだと考えられています。そう考えると就職活動は自分を労働力へと変換していく作業に他ならず、社会に出る、社会人になるとは、労働力、商品として市場に出ていくことを指すことになる。商品は売れなければ意味がありませんから、就活とは自分が売れる商品かどうかを評価される場になります。これはやっぱりしんどいですよ。「働いていない」という状況＝自分は売れ残り商品だと思うのはつらすぎます。

一方、ぼくは「働く」＝「労働」とか「社会」＝「市場」とは考えていません。人間には労働力としての側面もありますが、商品化されない感性の部分もある。商品化の波に飲み込まれないようにどうやって自分を守っていくかが、楽しく生きていくための大きなポイントだと感じます。ぼくにとって「働く」とは、他者や社会に働きかけることです。社会は私たちが働きかけることによって成り立っているのであり、お金を生み出す労働だけで成り立っているわけではない。「労働」は働くことの一つのパターンでしかないことを、強調しておきたいですね。

こういうふうに自分のやっていることを整理できたきっかけの一つが、百木さんの著書『アーレントのマルクス――労働と全体主義』（人文書院）だったので、今日お話できるのをとても楽しみにしていました。

アーレントから労働問題を考える

百木　おっしゃることは非常によくわかります。ぼく自身、学部を卒業後、就職活動をして一般企業で働いた経験があるからです。研究者になる人は、学部から大学院に進み、そのまま修士号や博士号を取得することが多いのですが、ぼくの場合はいろいろと考えるところがあって、普通に就活をし、新卒で自動車関連メーカーに入って経理の仕事をしていました。
サラリーマンとして働いた三年間は、学ぶことも多く、よい経験だったのですが、日本の会社の働き方に対していろんな疑問を抱くようになりました。そもそも就職活動の時点から違和感を持っていたのですが。ぼくが入社した二〇〇五年は、非正規労働の増加やブラック企業問題、就職活動の激化などが話題になり始め、格差社会やロスジェネといった言葉が流行した時期でもあり、自分自身の状況と社会における労働問題の両方の面から、モヤモヤが募っていました。そこで自分なりにもう一度きちんと勉強して、このモヤモヤを言語化したいと考え、会社を辞めて大学院に入り直すことにしたんです。そこでテーマに選んだのが、アーレントとマルクスでした。

労働問題に対しては、経済学、社会学、法学など様々なアプローチがありますが、ぼくは思想や哲学から研究することにしました。労働を扱う思想家の中でも、ハンナ・アーレントの主著『人間の条件』（ちくま学芸文庫）の「労働」と「仕事」の章にとくに惹かれました。アーレントはそこでマルクスを痛烈に批判しています。ぼくは学部時代マルクスも好きだったので、二人の労働思想を比較することで、近現代社会が抱える労働問題の本質を大きな視野で捉えることができるのではないかと考え、研究をスタートさせました。青木さんと同様、ぼくも「働くこと」がすべて賃金労働に還元されてしまうような社会のあり方に疑問を感じていて、その違和感をきちんと言語化したかったんですね。

アーレントは二〇世紀、マルクスは一九世紀を生きた、どちらもドイツ出身ユダヤ系の思想家です。一言でいえば、アーレントはその生涯をかけて全体主義の問題と対峙し、マルクスは資本主義の問題と対峙した。政治思想と経済思想の中でそれぞれ異端の位置を占めるこの二人を比較したらおもしろいのではないかと思いました。

アーレントは『人間の条件』で人の営みを三つに分けて分析しました。「労働（labor）」は、人間が生命・生活（life）を維持するために行う営みです。簡単にいうと、「食うために働く」というのが労働の領域です。それとは別に「仕事（work）」の領域があります。「仕事」は耐久的なモノをつくる営みです。家や机や椅子のように一〇年、二〇年かけて残る使用物を製作するのが「仕事」です。三つ目は「活動（action）」です。これは主に言葉を用いて他者とコミュニケーションを行う営みです。誰かとおしゃべりしたり議論したりすることが含まれます。これら三つの営みによって成り立つ生の営みを、アーレントは「活動的生（Vita Activa）」と呼びました。

アーレントによると、「労働」とは自分や家族の生命・生活を維持するための私的な営みです。これに対して、「仕事」は自分を超えたパブリックな「世界」を創り出す営みです。食うために働くのか、世界や社会のために働くのかという違いですね。私たちの「働くこと」には、この「労働」と「仕事」の両方の要素があって、実際の「働く」行為が「労働」と「仕事」のどちらかに単純に分類できるわけではありません。自分や家族を養うお金を稼ぐためにという部分もあれば、お客さんのためや社会のためにという部分もあるでしょう。働き方に応じてその割合が違うのだとぼくは捉えています。

アーレントは、「労働」とはすぐ消費されてしまう消耗品を生産するものだと書いています。耐久性の低い食べ物や日用品をつくることで、自然や生命の循環的な運動にかかわるのだと。

これに対して、「仕事」は長年かけて使われる耐久品（人工物）をつくることによって、安定的で永続的な「世界」を生み出します。役割は異なりますが、どちらの働きも必要ですよね。
働き方の点でいえば、「労働」は生命維持の必然性＝必要性（necessity）のために強制的に行わなくてはならないもので、そこには人間の自由＝自発性を発揮する余地がない。一方、「仕事」は目的－手段がはっきりした合理的な生産行為であり、そこには人間の理性や創造性を発揮する余地があるとされています。

青木　マルクスと違って、アーレントは労働とその対価としてのお金を結びつけて考えてはいないのですね。

百木　そうですね。お金は基準にしていません。「労働」「仕事」「活動」を分けるのはお金が入るかどうかではなく、自分の生活維持のためなのか／世界をつくるためなのか／他者とコミュニケーションするためなのかという目的の違いです。アーレントのこの三つの分類は、現代社会の分析にもよく応用されています。

青木　アーティストの池田剛介さんの『失われたモノを求めて──不確かさの時代と芸術』（夕書房）にもアーレントの三つの概念が出てきましたね。

百木　ええ。あの本では「仕事」が重視されていましたね。芸術作品の制作や執筆、建築も「仕事」に入ります。でもそれらの行為の第一目的が生活費を稼ぐことである場合や耐久性の低いモノを生み出す場合には、「労働」になることもあるでしょう。その行為が労働・仕事・活動のどれになるかは文脈依存的だということです。

「労働」が最上位を占める現代社会の問題点

青木　アーレントの三つの分類で「労働」が最も順位が低く、「活動」が最高位にあるというベースには、古代ギリシャの都市国家（ポリス）に端を発する、西洋の伝統的価値観がありますよね。

百木　おっしゃる通りです。他者との対話や議論を表す「活動」を最上位に置くアーレントの分類は、古代ギリシャ時代以来の伝統です。パブリックな議論を行うのが市民の仕事、それを支える職人の仕事があり、その下に奴隷や女性が行う家庭内での最低限の労働があるというヒエラルキーですね。

青木　一方、近代社会では「活動」より「労働」が重みを持つようになった。伝統的ヒエラルキーをひっくり返したのがマルクスだというわけですね。

百木　アーレントの理解だとそうなりますね。資本主義社会としての近代社会では、賃金を稼ぐための職（job）を持っているかどうかが決定的に重要になります。日本でいう「社会人」

とは、ジョブを得てお金を稼いでいる人とほぼ同義であり、ジョブのない人は「社会人」ではないと見なされてしまう。ここでいうジョブは「労働」そのものですね。それに比べて耐久的なモノをつくる「仕事」や他者と議論する「活動」は、価値が低いということになってしまう。でもそれは本来、おかしなことだというのがアーレントの主張です。

青木 アーレントのこの主張は、現代社会をすごくよく捉えていると思います。現代では、人びとは労働市場にほぼ強制的に参入させられてしまっています。アーレントが批判したナチズムやスターリニズムといった全体主義は、「労働」を最上に置き、生産性の向上という目標に国民を統合していく。そこに統合されない女性や高齢者、障害者は国民とさえ見なされず、切り捨てられていく。「労働」が社会の中心になると、全体主義につながっていくとアーレントは批判している。

百木 ナチズムもスターリニズムも日本の軍国主義も、勤勉な労働者や国民を理想として、さまざまな階層の人びとを統合しながら、勤勉に働かない人を排除することで団結力を高めていった。その全体主義的戦略は、今の資本主義社会にも生きながらえていると感じます。近代に入り、「労働」の位置づけが急上昇したことがその起源にあるというのがアーレントの見立てです。

青木 百木さんの本を読んでしっくりきたのは、その点でした。「労働」のみを強いられる全体主義が社会に広がると、生産性のない人はいらないとされるし、そうした価値観が内面化すると、先日起きたＡＬＳ患者の安楽死事件[*8]のように、働けない自分は生きている意味すらないと思うようになってしまう。これは非常に大きな問題です。今の日本社会は、お金にならないものはすべて切り捨てるという価値観で埋め尽くされています。社会に複数の価値観を併存させたいと思っています。

百木　ぼくがアーレントとマルクスを比較しようと思ったもう一つの動機に、資本主義と全体主義の関係性を考えてみたかったということがあります。

ある種の資本主義的論理を徹底していくと、全体主義に限りなく近づいていくのではないかという予感がありました。マルクスの分析した資本主義は、自分の持つ労働力を商品としてお金に換えて生活することを前提とした経済システムです。これが過剰に徹底されると、自分の労働力を商品化できない人は社会に存在する価値がないから切り捨てたほうがよいという恐ろしい感覚に行きついてしまいます。社会のあらゆる領域を経済論理、市場論理で埋め尽くそうとする新自由主義は、この感覚をどんどん推し進めていく。今、日本の地方自治

＊8　二〇二〇年七月、京都市内のＡＬＳ患者女性が、ＳＮＳで知り合った医師の手を借りて安楽死を遂げていたことが判明。医師二人が嘱託殺人の疑いで逮捕・起訴された。

体の首長たちにもこの新自由主義的な価値観が強く、それを支持する人が都市部に多いのも、非常に気になるところです。

マルクスが夢見た理想の今日性

青木　アーレントは人間本来の「活動的生」を、古代ギリシャという西洋文明の伝統を参照して唱えていますが、我々日本人がこれからの「働く」を構想するとき、その参照軸となるのは何なのか。先日百木さんとお話ししたときには、それは網野善彦じゃないかという話になりました。パブリックの概念についても、パブリックとプライベートがきっちり分かれている西洋に対し、日本の伝統ではそうではないのではないかと。

百木　公共性というのは、アーレントにとってもかなり重要なキーワードです。図式的にいえば、「活動」はパブリックで「労働」はプライベート、「仕事」はその中間に位置している。現代社会の困難を乗り越えるためには、「労働」に還元されないパブリックな「活動」の意義を取り戻さなければならない、というのが彼女の議論の大きな方向性です。今ぼくらがここで話しているのもまさに「活動」ですが、「活動」を通して人びとの複数性が生きてくるような公的領域、アーレントがいうところの「政治」の営みを取り戻すことが大事なのだと。

これは労働・仕事・活動をきっぱり分ける考え方ですね。
一方、マルクスはエンゲルスとの共著『ドイツ・イデオロギー』（岩波文庫）の中で「共産主義社会では、各人は専属の活動範囲を持たず、自分が望むどの部門でも自分を鍛えることができるし、社会が万人の生産を管理している。まさにそのおかげで、私は好きなように今日はこれを、明日はあれを行い、朝に狩りをし、午後に漁をし、夕方に家畜の世話をし、食後には批評する。しかしだからと言って、狩人、漁師、牧人、批評家になることはない。あるいはなる必要はない」と書きつけています。これは労働・仕事・活動をアーレントのようには分けずに、総合的に実践していく方向性ですね。青木さんが今実践されていることも、このマルクス的な方向性に近いのではないでしょうか。今日も朝から別のことをやっていたんですよね。

青木　今日は、午前中は社会福祉士のスクーリング、午後は買い物と草刈り、夜はこのトークイベントを（笑）。

百木　まさに（笑）。青木さんは社会福祉法人の職員であり、青木家の一員であり、ルチャ・リブロのキュレーターでもある。どれかの専属ではないけれど、そのどれでもあるといえる。これはマルクスとエンゲルスが若き日に一緒に書いたユートピア的文章なのですが、魅力的な構想ですよね。このようにして、資本主義社会から共産主義社会に移行することで、みんなもっと自由に働けて、文化も嗜めて、日々の生活を楽しめる未来社会を目指そうというのが、マルクスやエンゲルスの理想だったんですね。

アーレントが古代ギリシャやローマをモデルとして、西欧思想の伝統を遡ったのに対して、マルクスは現在を乗り越えた未来＝彼岸へ向かうことによって別の社会システムへ移行し、みんなが自由に生きられる社会を作ろうと考えていた。

もう一つマルクスで興味深いのは、彼が書いた「国際労働者協会（通称：第一インターナショナル）創立宣言」の一節です。「賃労働は農奴労働と同じように一時的で下位の一形態に過ぎず、自発的な手と臨機応変な知力と、楽しい心とを持って自分の仕事を行うアソシエイトした労働に席を譲って消滅すべき運命にある」。つまり賃労働は奴隷労働と同じであり、将来的には消滅すべきものであると言っているわけです。お金を気にすることなく、もっと柔軟かつ自由に楽しく働けるような社会を目指すべきで、それこそが共産主義であり、社会主義なのだと。

そういう社会の実現は、やろうと思えば現在でも十分できるはずです。人びとの最低限のニーズを満たす生産力は十分備わっているのに、みんながこんな遅くまで残業しているのはおかしい。この仕組みを変えるほうがよっぽど合理的です。

マルクスの描いた理想は、結局は社会主義革命を経てスターリニズムや毛沢東の独裁に行きついてしまった。それをもって失敗だったとされていますが、マルクスのテキスト自体は純粋なもので、現代でも多くのヒントをもらえるものだと思います。

ぼくらの参照軸としての網野善彦と寅さん

青木 アーレントとマルクスを参考にしながら、我々自身の「Vita Activa」を考えたいと思っています。「労働」を乗り越えるためには、私的な領域から一歩外に出る「活動」が必要だとアーレントは言っていました。自分のためだけに働くわけじゃないけれど、他人のためだけに働くのも難しい。その二つを往復しつつ、そのいずれでもない「ごちゃまぜの空間」を作りたい。そのとき参照できるのが、ぼくはやっぱり網野善彦ではないかと考えています。

百木 ぼくも網野善彦は大好きです。現代の社会問題を考えるときにも、ぼくはアーレントやマルクスのような大きなスケールを扱った思想書のほうが、いろんなイメージが湧くんですよね。中世日本社会を魅力的に描き出した網野善彦にヒントを感じるのも同じです。哲学や思想、人文知のよさはそこにある。

ヨーロッパ出身のアーレントやマルクスには、古代ギリシャやローマが理想社会のモデルとして想定されているのを感じます。古代から続く西洋思想や政治の伝統を引き継ぎながら議論が展開されている。そうした議論からぼくも多くの思考のヒントをもらってるんですけど、それをそのまま日本に輸入してもうまくいかないのではないかという気もする。古代ギリシャの卓越的な公的領域を取り戻そう、と言っても、日本でうまくいくのかどうか。日本で資本主義を乗り越えるなら、どういう思想が参考になるのかと考えたときに、思い当るのが網野善彦なんですよね。

網野がアジールの中に見いだした「公界《くがい》」は、アーレントが論じた「公共性」とは全く違う姿をしています。網野は、国家や社会の枠組みから溢れる、周辺に現れるもの、「無縁」を公と見ているんですね。現代で無縁というとネガティブな印象ですが、中世日本では、世間や社会のしがらみから逃れることというポジティブな意味合いがあった。同時にそういう「無縁」の場所にも生まれてくる。ただし、それは資本主義的な「無縁」とは性質や論理が根本的に異なるものだったはずです。

青木 「無縁」とは時の統治権力が及ばない、異なった原理の働く「彼岸」ですからね。

百木 犯罪や借金を負った人、DVに苦しむ妻などが逃げ込むアジールは、縁切り寺に代表される宗教的空間だったと網野はいっていますね。一時的に国家や負債の手が及ばない、都市的な人間関係の縁から切れる領域が、社会の中にあったのだと。

今でいうと、ある意味では、大学院などがそういう場所だったりします。普通に会社に就職することに違和感を持っている人たちが集まってきちゃう（笑）。ただし、最近では悪しき大学改革によって、大学院もどんどん資本主義の論理にからめとられた息苦しい場所になってきているのですが。青木さんがそうされたように、一度そうした息苦しい場所から離脱して、東吉野村のようなアジール的空間に移住したほうが、ずっと自由な研究ができるかもしれない。それも現代的な、ポジティブな意味での「無縁」の一形態といえるんじゃないでしょうか。

青木　たしかに、ルチャ・リブロはぼくにとっての無縁の地ですね。もう一つ、最近ぼくがハマっている映画『男はつらいよ』[*9]の寅さんの実家「とらや」も、アジールに近い部分がある。まず何と言っても、葛飾・柴又は東京の東の端っこ、辺境の地にあるということ。そしてとらやが店を構えるのは帝釈天の参道、つまり宗教エリアであるということ。

百木　縁ですよね。境界にある。

青木　寅さんは資本主義社会から完全にはじかれた存在でありながら、なぜか楽しそうです。いろいろ悩みはあったと思うのですが、とらやと日本各地の参道を「行ったり来たり」する

＊9　渥美清主演、山田洋次原作・監督の映画シリーズ。テキ屋稼業の「フーテンの寅」こと車寅次郎が、ふらりと故郷の柴又にある食事処「本家とらや老舗」に帰ってきては、大騒動を巻き起こす人情喜劇。一九六九年の第一作以来、シリーズ全五〇作が公開された。

ことで上機嫌に暮らすことができた。ああいう人物が主人公の作品が長きにわたりポピュラリティを得続けているのは、日本人の中に「二つの原理を行き来するもの」への憧憬があるからではないかと思うんです。

百木　そうですね。日本人にとっての一つの原風景が、寅さんにあるのかもしれません。網野の言う無縁の場＝「公界」には、さまざまな怪しげな人びとが集います。漂泊者、商人、行者、芸能人、遊女……。各地域から集まった物が交換されたり、芸能が披露されたりするのですが、そこにはお寺や神社が密接に関係している。網野はこうした場が日本的な資本主義の起源としてあるのではないか、辺境的な怪しげなものから貨幣市場が広がったのではないか、というんですよね（『日本中世に何が起きたか――都市と宗教と「資本主義」』角川ソフィア文庫）。寅さんもその系譜を継いでいるのかもしれません。そして、青木さんもその延長線上にいると（笑）。

一か所に定住せず、移動を繰り返しながら経済活動も行い、技能（芸能）を獲得しながら多様な人びととともかかわりあっていく。宗教的な領域にも世俗的な経済活動にも触れるような寅さんの物語が今でも人気があるということには、どこか希望を感じます。寅さんのやっていることは、今はびこっている新自由主義とは真逆のことですから。日本人には寅さん的なものを現代的な形で取り戻すと考えたほうが、脱資本主義の戦略もイメージしやすいんじゃないでしょうか。

青木　そう思います。ぼくがどうも安直に資本主義批判をしたくないのは、本来の資本主義と新自由主義的な自己責任論の資本主義は、やっぱり違うものだと思っているからです。寅さんは旅先でよく「何か困ったことがあったら、いつでもとらやにおいで」といいます。これは、制度化以前の福祉であり、ぼくもバックパッカーとして海外を旅したときに感じたホスピタリティと同じものです。もちろんいわれた人が実際にとらやに来ても、寅さん自身は何もしないのですが、そんなふうに声をかけるというのは、新自由主義的な資本主義社会ではありえないことです。困ったのは自分のせいでしょう、という自己責任社会ですから。そういう意味で「男はつらいよ」シリーズは、健全な資本主義の姿を描き続けたのだと思います。

百木　資本主義の外部がいろんな形であるといいですよね。アーレント的な、マルクス的な、網野的な、寅さん的な、青木さん的な。形はさまざまありうると思いますが、外部があることがすごく大事で。一つの論理だけで社会を埋め尽くされてしまうと、あっという間に全体主義になってしまう。気をつけなくてはいけないと思います。

「最強」とは何か——山村で自宅を開くこと

二〇一六年四月に東吉野村に越して、六月にはルチャ・リブロを開館しました。今思えば、とても早いスピードです。なぜこれほどスピーディに準備が整ったのかというと、逆説的かもしれませんが、完成形をイメージしていないかったからだと思うのです。すでに所有している本をダンボールから出し本棚に並べて、その本を貸し出しする以外のことは、特に決まっていませんでした。本の貸し出し以外だと、定期的に研究会をしたいとは思っていましたが、これもそれまでやってきたことの延長線上にあったことです。一応、以下のような文言を掲げることにしました。

人文系私設図書館ルチャ・リブロは、図書館、パブリック・スペース、研究センターなどを内包する、大げさにいえば「人文知の拠点」です。蔵書は歴史や文学、思想、サブカルチャーといった人文系の本を中心としており、「役に立つ・立たない」といった議論では揺れ動かない一点を常に意識しています。話をどんどん先に進めるというよりも、はじまりに立ち戻るような、そしてその始点自体が拠って立つところをも疑問視するような、そんなところです。

（ルチャ・リブロホームページより）

ルチャ・リブロは「人文知の拠点」を名乗っていますが、特に新しいことをやろうとしていたわけではありません。それまでぼくたちがやってきたことを組み合わせただけです。そして普通だったら「人文知の拠点」なんて大それたことは口幅ったくて言えないのですが、山村で自宅を開いて小さくやるぶんには、文句を言うやつはいないだろうと高を括っていた部分もあります。と同時に、「人文知の拠点」のモデルが他になかったことや、こうでないと図書館とは呼べないとか、図書館は自分たちでつくるものではなく公の機関が準備してくれるものなのだ、といった固定観念を抱いていなかったことが、すぐに開館できたことと関係しているのは間違いないでしょう。山村で自宅を開いて図書館活動をしている例を他に知らなかったので、「とりあえず」始めることができたのです。

比較対象や明確な目指すモデルはありませんでしたが、自宅を開いて公益に資する場とすることのモデルは存在しました。凱風館です。凱風館とは、ぼくの師匠の思想家兼武道家・内田樹先生が二〇一一年に自宅を開いてつくられた、道場兼私塾です。ルチャ・リブロはこの凱風館をモデルに、「マイ凱風館」をつくりたいという想いから生まれました。もちろんルチャ・リブロは合気道の道場ではないし、私塾を開く予定もありませんでした。中身は違うけれど、内田先生がおっしゃっている本質的な部分を自分なりに実践・具現化してみたい。これが「マイ凱風館」こと、ルチャ・リブロでした。

自宅を開くというのも、ぼくたちにとっては自然なことでした。神戸に住んでいたころ、友人たちがよく自宅を訪ねに来てくれていました。世間話をする中で、それだったらこの本が良いよ、などとおせっかいにも本を推薦することもありました。つまり、自分の本を貸すことは当時からしていましたし、妻の大学図書館で培ったノウハウと合わせれば、自宅を開いて図書館をすることに大きな飛躍は感じませんでした。なぜ図書館なのかという話は前にもしましたが、なにより妻が図書館で働くことで、以前のように楽しそうにしていられるのではないかと思ったのです。もう一つよく聞かれるのが、なぜ本屋ではなく図書館なのか、という質問です。

「離床」した世界から「土着」を取り戻す

東吉野村に越す前から、自宅を図書館として開くことを決めており、本屋という選択肢はありませんでした。商才がないからという単純な理由からなのですが、もうちょっと理屈をつけてみると、関係をその都度リセットする売買という行為ではなく、関係を結び直すために貸借という方法が必要だったということがあると思います。物の売買のように対価を支払うことによって両者の関係をフラットにするルールは、都市の原理です。一方、村の原理はそうではありません。地縁や血縁によって関係づけられている村では市場原理は働きません。村にはお金を儲ける、儲けないよりも大切なものがあります。その大切なものが地縁であり、血縁でした。このように、地縁や血縁によって関係づけられていた村々から、自由を求めて人びとが都市に出てきた時代を近代と呼びます。都市は人を「自由」にしたのです。思想家イヴァン・イリイチは、この近代社会の特徴の過程を「離床」と呼びました。

現代社会はこの「離床」の延長線上にあります。その最たるものがスマート化です。スマート化とは、デジタル技術を使った徹底した合理化のことです。中でもスマートシティは、デジタルインフラによって一人ひとりの生活情報を収集し、最適化された選択肢の中から自分が取るべき行動を選ぶことができる街です。人間が何十時間も考えて計算して答えを出すことをコンピューターにさせることで、その時間を短縮する。デジタル技術を生活の隅々にまで張り巡らせることで、より速く最適解を導き出すことができる。これをユートピアととるか、ディストピアととるか。二〇世紀を生きたイギリスの作家、オルダス・ハクスリーの代表作『すばらしい新世界』(光文社)は、究極的に合理化された社会の様子を描いた作品です。この中で世界統制官ムスタファ・モンドは、野蛮人ジョンに対してこの社会を以下のように解説しています。

「われわれの世界は『オセロー』の世界と同じではないからだ。鉄なしで自動車がつくれないように、社会的不安なしに悲劇はつくれないんだ。今の世界は安定している。みんなは幸福だ。欲しいものは手に入る。手に入らないものは欲しがらない。みんなは豊かだ。安全だ。病気にもならない。死を恐がらない。幸せなことに激しい感情も知らなければ老いも知らない。母親や父親という災いとも無縁だ。強い感情の対象となる妻も、子供も、恋人もいない。しっかりと条件づけ教育をされているから、望ましい行動以外の行動は事実上とれないようになっている。何か問題が起きたときにはソーマがある。きみが自由の名のもとに窓から捨ててしまったあの薬がね、ミスター野蛮人。やれやれ、自由か！」

（オルダス・ハクスリー『すばらしい新世界』光文社古典新訳文庫、二〇一五年、三一七―八頁。傍点引用者）

ぼくには、ハクスリーがディストピアとして描いた世界とスマートシティが重なって見えます。本当の最適解とは、情報を蓄積し計算して導き出した万人に当てはまる答えのことではありません。個別性や身体性といったものには、数値化や情報化のできない部分が必ず出てきます。データ化できない部分が人間には存在するという前提に立っているのが、『すばらしい新世界』の野蛮人ジョンです。ジョンは最適解が人それぞれ異なることや、そもそもそれは他人に決められるものではなく、自分で決めるものだということを知っています。データを集めて計算され、差し出された答えが、決して自分にとっての最適解だとは限らないことを主張するのです。

イリイチのいう「離床」とは、野菜、果物、食肉など、もともとその土地に根づいていたものが、商品になることで土地から離れていくことです。商品化することによって、本来は一本一本違うはずの大根が、商品A、商品Bというように抽象化され、データ化し管理され、各地に流通することが可能になった。大根だけではなく人も同じです。その土地土地の仕事をしていた人が都市に出ていくことで、もっと対価を得られる仕事につくことができるようになった一方、その人は交換可能な商品Aになりました。現代社会において働くとは、労働力Aとして商品になることを指します。どこでも働けるから自由である反面、商品として求められなければ働くことができなくなってしまったのです。

人は「離床」によって地縁、血縁などの「しがらみ」から解き放たれました。自身が商品と化すことでどこでも働くことが可能となり、対価を得ることでほしい物が買えるという自由を得ました。この過程を人類が経験することは必要なことだったと思っていますし、商品を買うことで得られる自由を誰もが享受できる社会のほうが、そうでない社会よりも、フェアだと思います。しかし『すばらしい新世界』のように、「離床」がさらに進んだスマート化された社会を丸ごと受け入れたくはありません。なぜかというと、人は合理的な部分だけで成り立っているわけではないからです。個別性や身体性がある、どこまでいっても商品Aにはなり得ない存在です。だからぼくはこの「離床」の流れに反して、個別性や身体性を取り戻す「土着」を目指しています。

自然を主体にすると見えてくるもの

都市で自宅を開くことと、山村で自宅を開くことでは、本質が大きく異なります。山村に住んでみたことで、自宅に対する考え方も大きく変わりました。都市とは、人が住むために自然を切り開いてつくった空間です。しかし山村はそうではありません。ぼくたちの住んでいる東吉野村は谷あいにあり、川沿いからすぐ斜面が立ち上がっています。村の家は川と斜面の間の、それほど広くない場所にあるのが一般的です。つまり村民のほとんどは、大雨が降ったら土砂崩れが起こる可能性が高い場所に住んでいます。このような事情もあって、自然が優位な環境に「住まわせてもらっている」感覚を強く持っています。一方、都市は自然を制圧し、人間が優位になるように設計され、つくられています。この図式を単純化すると、都市の自宅は人間主体ですが、山村の自宅は自然が主体なのです。

山村に住むことで、自宅の主体が周囲の自然環境になったことは、「自宅を開く」ことの意味をぼくたちの中で大きく変えました。今住んでいる木造の家は一九五〇年に建てられたもので、風や虫が気にせず入ってくる隙間がたくさんあります。冬は寒いが、夏は涼しい。冬はふすまやカーテンなどで部屋を区切って暖房の効率を上げることが必要ですが、夏は一番風通しの良いところに布団を敷いて寝れば、冷房は必要ありません。都市に住んでいたころ、室内の温度調整はすべてエアコンで行っていました。空調が制御される空間は、隙間があっては成り立ちません。想定外のものをできるだけ入り込ませないような構造が必要なのです。しかし山村の家は違います。自然の影響力が圧倒的なため、内と外の出入りを制御するのは不可能で、諦めざるを得ません。だから山村で自宅を開くとは、余計なものが入り込まないプライベート空間としての自宅を公開するのではなく、そもそもがプライベート空間としては完結し得ない、プライベートでもありパブリックでもあるような、あいまいな空間としての自宅を自然と共有するような感覚なのです。さらに言うと、そもそもプライベートとかパブリックという区分け自体が人間主体なため、山村の自宅には適用できません。本来、自然は誰のものでもないので、プライベート／パブリックを分けること自体がナンセンスです。そこに住んでいる人間としては、自然から間借りしている感覚が強くあるのです。

　このように、プライベートでもありながらパブリックでもある。というか、そもそもプライベートもパブリックも人間主体の考えで、自然主体で考えたらどっちも「人が決めたこと」だという感覚が、ルチャ・リブロの底流となっています。この感覚を、ぼくは全体を見るための「なんとなくの視点」と呼んでいます。都市が基盤の現代社会は、プライベートとパブリックという二つの空間によって構成されています。でも本当は、都市の周りには田んぼや畑があり、さらに外側には森や海など、人間主体ではコントロールできない自然が広がっています。本来は、その自然という外部も含めた上で、社会を構想する必要があり、それにはこの「なんとなくの視点」が不可欠なのです。

山村で自宅を開くルチャ・リブロはどうでしょう。閉館中はプライベート、開館中はパブリックであるという意味でもセミパブリックですが、それだけではなく、背後の山や脇の川、急に降る大雨なども含めてのルチャ・リブロです。ぼくたち人間の力では、どうしようもないことがあります。このことを社会の要素に含んでおかないと、どうしても想定外のことが起こってきます。人間の力ではどうしようないことを想定の範囲に含むこと。この考え方もルチャ・リブロが発信したいことの一つです。

世界を「なんとなく」認識する

「なんとなくの視点」を得るには、まずは対象がAでもあり、Bでもあることを認識します。例えば、何か空間をつくった後、その中にプライベートでもあり、パブリックでもある部分を見つけます。その後、でもそれも人間が決めたことだよね、ともう一段階視点を上げる。「なんとなくの視点」は、この二段階を経て成立します。そのヒントとなるのは、ルチャ・リブロの名称の由来ともなった「プロレス」です。ルチャ・リブロは、メキシコのプロレス「ルチャリブレ」に由来しています。ルチャリブレでは美しい関節技や華麗な空中殺法を見せるミル・マスカラスやドス・カラスのような、マスクを被ったルチャドールが多く登場します。もともとルチャドールがマスクを被ったのは、ファイトマネーだけで生活していける人はほんの一握りで、多くは日中に仕事をしており、素顔がバレないようにするためだったといいます。メキシコでリングに上がっていたのは、昼間はサラリーマン、夜はルチャドールだった人たちなのです。

そもそも、プロレス自体が「なんとなく」の塊です。スポーツでありながら総合芸術でもあるし、ルールもあるようでなかったりする。一応レフェリーがいて試合を裁いているのですが、決着がつくカウントのスピードも人によって違うし、反則もレフェリーが見ていなければオーケー。むしろ、レフェリーが見ていないことを観客に見せなければ、プロレスとしては成立しません。こういうと、プロレスはやらせだという言う人がいます。勝敗が事前に決まっているという意味でそう言っているのかもしれません。しかしプロレスにとって、試合での勝ち負けはその価値を測る一要素でしかありません。ただ単に勝敗を競うだけでなく、相手の技をすべて受け切って、お互いに力を引き出し合うことで、素晴らしい試合をする。そしてお客さんを熱狂させ、その団体を潤わせる。プロレスラーにとっての「最強」とは試合において「誰にも負けない」ことではなく、勝ち負けも飲み込んだ上で、団体や業界全体を最大限盛り上げることなのです。

勝者はAかBのどちらかだけではありません。試合をつくったという意味ではAかもしれないし、最も会場を沸かせたという意味ではBかもしれない。違うのは視点だけで、お互いが力を出し切って試合をつくり上げるという意味では、どちらも同じものを見ています。この視点を得るためには、AかBかという二者択一にとどまらず、目の前のことをいったん「なんとなく」でぼやかし、全体を把握することが必要になります。目の前のことに囚われず全体を把握する。と同時に、目の前の相手と命をかけて闘う。これがまさに「最強」のプロレスラーです。そしてぼくのいう「土着」は、この考え方にとても近い。社会、人類、地球全体のことを考えつつ、目の前の日常を生きていく。そのためには家庭や学校、職場で、一緒に生活を送る他者の存在がなければならないし、相手の真意を汲み取り、尊重し、話を聞いた上で、より良い社会を作っていくための提案をしていくような「闘い」が必要となる。このような「闘い」の中で、「最強」を目指したい。すべての「闘い」は、この社会を健全に維持していくためにあるのです。

では、全体を見る視点と日々の営みを両立させることは、どのようにすれば可能なのでしょうか。社会学者・見田宗介こと真木悠介は、ドン・ファンというネイティヴアメリカンの思想を紹介しながら、以下のように述べています。

人間の根源的な二つの欲求は、翼をもつことの欲求と、根をもつことの欲求だ。ドン・ファンの生き方がわれわれを魅了するのは、みてきたように、それがすばらしい翼を与えてくれるからだ。しかし同時にドン・ファンの生き方がわれわれを不安にするのは、それが自分の根を断ってしまうように思われるからだ。
「履歴を消しちまうことがベストだ。……そうすれば他人のわずらわしい考えから自由になれるからな。」とドン・ファンがいうとき、それはたしかに人間にすばらしい自由を与えてくれるだろう。しかしそのかわり、それは人間の存在のたしかさのようなものを奪ってしまうのではないか？

（真木悠介『気流の鳴る音』ちくま学芸文庫、二〇〇三年、一六七―八頁）

人間の根源的な欲求には、翼を持つことと根を持つことという、矛盾するものがあります。これまでの友人関係や家族関係、学歴などのキャリア、今の仕事をすることで得られている賃金など、積み上げてきたものがあればあるだけ、根は深く張っていて身動きがとれなくなります。だからこそ、根を断って飛び去りたい衝動に駆られます。反対に、一ところに居続けることができず、本当は根を張りたいけれど、関係を継続するのが難しいという人もいます。この矛盾の間で引き裂かれ、葛藤している人が多いのではないでしょうか。ではこの矛盾はなぜ起こってしまうのか。再び、真木悠介の文章を引用します。

〈根をもつことと翼をもつこと〉をひとつのものとする道はある。それは全世界をふるさととすることだ。

われわれにとって真にゆるぎない根の根とはなにか。家族、郷村、民族、人類、これらのものにわれわれは「根」をもとめている。しかしこれらのはかない存在の支えあってつくる「世界」がゆるぎない「大地」であるのは、われわれの日常意識の「明晰さ」にとってだけだ。

（前掲書、一七一頁。傍点引用者）

真木も言うように、「明晰さ」の上に成り立つ世界は儚い。だからこそ、世界を「なんとなく」見ることが必要となります。全体を見る視点を持ちながら日々を生きることは、AでありながらBでもあるという、矛盾するものを同時に持つことにつながります。そのためには「明晰さ」によってではなく、「なんとなく」世界を認識する。世界を「なんとなく」認識するには、社会には内部と外部があるという事実に、いつも立ち返れるようにしておくことが大事です。さらに重要なのは、人間は社会の内部しか理解することができないと認めることです。外部のことを一生懸命に知ろうとすることは良いことですし、エビデンスに基づいて探っていくことで科学は発展してきました。しかし、やはり外部は「神のみぞ知る」です。「神のみぞ知る」世界が、社会の外側には広がっている。この事実をしっかりと認識した上で、これからの社会を生きていく必要がある。そしてこの事実を、有無をいわさず全身で感じることのできる環境、それがぼくらにとっては山村でした。

外部と内部を行き来した達人、鴨長明

山村で自宅を開いて図書館をすることは、社会の内部と外部の闘いを取り戻し、人が生きている世界の全体像を「なんとなく」把握する、「土着」へと通じています。人はデジタル技術でコントロールされ、合理的につくられた社会の内部だけで生きていくことはできません。だから社会の外部への回路を組み込んだ上で、世界を「なんとなく」構想する必要があるのです。山村に住むこと、自宅を開くこと、図書館活動を行うことの三つは、すべて社会の外部である自然への「回路をつなぎ直す試み」という点において共通しています。このすべてをつないでいるキーワードが「人文知」です。「人文知」には、「そもそもそれって……」と、ある事柄を始原まで遡り現代の文脈へと置き換え、一人ひとりの物語に落とし込みやすいように「消化」を助ける働きがあります。この「ある事柄を始原まで遡る」ことは、あらゆるものが社会の外部から生まれたよね、というところから話を始めることを意味します。

近代社会では、人間が中心になっています。「明晰さ」によって社会は計画され、制度がつくられてきたのです。この「明晰さ」のスピードを上げるために使われるのがデジタル技術であり、「明晰さ」を構造基盤に据えた都市がスマートシティです。このスマート化によって、社会の内部と外部の溝がどんどん広がっている実感があります。しかし伝統社会はそうではなかったはずです。社会には自然という外部が確かに存在し、自然が滅びれば人間は生きていけないことは自明の理でした。だからコントロールすることのできない外部に対して畏れを持っていたし、畏れるがゆえに全体を見る視点を持たざるを得ませんでした。その中で日々を生きていたのです。そういう意味で、ぼくが「最強」だと思う一人として、平安末期の歌人・鴨長明をあげることができます。彼の著書『方丈記』の有名な冒頭が以下です。

ゆく河の流れは絶えずして、しかももとの水にあらず。よどみに浮かぶうたかたは、かつ消えかつ結びて、久しくとゞまりたるためしなし。世の中にある人と栖《すみか》と、又かくのごとし。

川の流れは絶えまなく、その水はいつも入れ替わり、もとの水はとどまらない。よどみに浮かぶ泡は、消えたかと思うと生まれ、いつまでもそのまま、ということはない。世の中の人間も、その住まいも、それと同じだ。

美しい立派な都で、並んで競い合っていた貴賤の住居は、いつまでもなくなりはしないもののようでありながら、どうだろう、とあちらこちらを回ってみれば、昔からある家がそのままということは稀《まれ》だ。

（蜂飼耳訳『方丈記』光文社古典新訳文庫、二〇一九年、一七頁）

『方丈記』では、鴨長明が二〇代から三〇代にかけて経験した、災厄という社会の外部と、都市生活という社会の内部の関係が記されています。そして圧倒的に強い外部の力に接し、文化的な美しさや権力を競い合っていた人間という存在の小ささ、儚さが説かれます。それは仏教的無常観と呼ばれています。晩年、彼はほとんど外部ともいえる社会の辺縁である京都郊外、日野山に小さな庵をつくります。そこで書かれたのが『方丈記』です。鴨長明のおもしろいところは、俗世を儚み、人間の小ささを説きながらも、依然として都市への想いを捨て去っていない点です。例えば、以下のような箇所があります。

おのづからことのたよりに都を聞けば、この山にこもりゐてのち、やむごとなき人の、かくれ給へるもあまたに聞こゆ。ましてそのかずならぬたぐひ、つくしてこれを知るべからず。たび〳〵炎上にほろびたる家、又いくそばくぞ。たゞ仮のいほりのみ、のどけくしておそれなし。ほど狭しといへども、よるふすゆかあり、ひるゐる座あり。一身をやどすに不足なし。

（前掲書、九九頁）

さまざまな事柄のついでに、自然と耳に入ってくる都のたよりによれば、私がこの山に隠れ住んでからこれまで、高貴な方々がかなり大勢、亡くなられたという。まして、そういう数にも入れられることがない人々がどれほど死んだかは、とても数え切れないだろう。度重なる火事で焼けた家は、どれくらいあるだろうか。ただ、こうした仮の庵だけが、穏やかに生活できて、なんの心配もせずにいられるところだ。少し狭いとはいえ、寝る場所はあるし、昼間の居場所もある。一人で暮らすには十分だ。

（前掲書、四四頁）

人間の権力争いや競い合いなんて、自然の猛威と比べたら小さく、虚しいものだと書きながら、「おのづからことのたよりに都を聞けば」と、ついつい社会に言及してしまう。ぼくが鴨長明に「最強」を感じているのは、京都の山に住むことで社会の外部に出て、社会の内部を客観視しているからではなく、内部と外部を相対化しつつも、やはりまだどちらかに決めきれず、行ったり来たりしているからです。それは普通、逡巡や迷いというようにマイナスなこととして語られがちですが、鴨長明はただAかBか迷っているのではなく、全体を見る視点を持ちながら、日々の生活において都市のことも気にしているのです。外部に出たり内部に戻ってきたり、どちらかに精神的な居を定めない鴨長明的なあり方。このタフさが「最強」の名に相応しいのです。

　そしてこの鴨長明的「最強」のスタンスは、実は『方丈記』の文体にも表れています。訳者の蜂飼耳は『方丈記』の文体について以下のように述べます。

> 名文として読み継がれ、後世の作品に影響を与えながら時代を越えて受け継がれてきた『方丈記』だが、その文体はといえば、いわゆる和漢混交文だ。鴨長明の自筆本は残っていないけれど、伝わっている諸本から、おそらく原文も〈漢字カタカナ交じり〉で綴られた文章だったと推測されている。
> 　漢文だけでもなく、和文だけでもない、その両方の長所を引き出し、取りまぜたかたちで編み出された和漢混交文。『方丈記』においてそれは、和漢のさまざまな古典を典拠とする表現を随所に響かせながら、鴨長明の思いと考えを盛るのに

ふさわしい器として力を発揮する。

（前掲書、一三九―一四〇頁。傍点引用者）

鴨長明は、京都の山に住むことで都市を相対化し、社会の外部と内部を行き来することを可能にしました。そしてそのスタンスを表現するために、漢文と和文を織り交ぜて自身の考えを記しました。むしろ漢文と和文の両方を混ぜ合わせないと、「なんとなく」の視点から眺めた世界は表せなかったのでしょう。鴨長明は、京都の山に隠れ住んだけれども、どうしても都市のことが気になってしまう逡巡おじいさんではなく、まさに当時の世界全体を「なんとなく」の視点で眺望しながら、表現したい素材や方法を自由自在に選択していく「最強」の男だったのでした。それはあたかも、素顔ではベビーフェイス、ペイントをするとヒールレスラー、グレートムタに変貌し、二つの顔を自由自在に使い分ける、天才プロレスラー武藤敬司のようです。

二〇〇〇年代前半、武藤は「プロレスＬＯＶＥ」を宣言します。時は総合格闘技の全盛期で、プロレス人気には陰りが見えていました。そのような中で武藤は、総合格闘技は「競技」であり、プロレスはもっと多義的な表現であることを主張したのです。この武藤の姿勢は、数値化された成果などの「明晰さ」だけを重視する現代社会において、数値化できない「なんとなく」を重視する、ルチャ・リブロが目指す方向と一致します。二〇二一年現在、あと数年で還暦を迎える武藤敬司は今もなお第一線で活躍していまず。それは間違いなく、彼が素顔の武藤敬司というレスラーだけでなく、グレートムタというペイントレスラーの側面も持っているからです。「二つの原理」を併せ持つことが「最強」に結びつくことは、武藤敬司のプロレスラー人生を見ていると一目瞭然です。昼はサラリーマンで夜はルチャドールだったり、翼と根を同時に持つことを欲したり、漢文と和文を織り交ぜたりと、あえて単純化させないことが、「最強」につながっていくのです。

対話3

「スマート」と闘う

藤原辰史
×
青木真兵

二〇二〇年九月八日収録

藤原辰史（ふじはら・たつし）

一九七六年生まれ。京都大学人文科学研究所准教授。専門は農業史、食の思想史。著書に『ナチス・ドイツの有機農業』（柏書房）、『決定版 ナチスのキッチン』（共和国）、『トラクターの世界史』（中公新書）、『戦争と農業』（集英社インターナショナル新書）、『給食の歴史』（岩波新書）、『縁食論――孤食と共食のあいだ』（ミシマ社）などがある。

藤原　食や農業の近現代史を研究している藤原です。私は、自分がスマートな人間ではないということもありますが、あまりにも世間がスマートさやクリーンさを求めすぎていることに居心地の悪さを強く感じているので、どうやってスマートじゃない世界を作っていくかを常々考えています。そのあたりのことを、今日は綺麗事抜きに議論できたらと思っています。『彼岸の図書館』では、建築家の光嶋裕介さんが[*10]「モダニズム建築は積み重ねが可能だ」とおっしゃっていたところが特に心に残っています。私もバウハウスの建物を日がな眺めていても飽きません。モダニズム建築は基本的に立方体や長方体を積み上げた、シンプルな設計になっている。ただ、当時は革新的だったモダニズム建築の機能性が今暴走を始めていると感じています。そこで問われているのは、私たちの身体がどんなものに囲まれているのか、その気配をどの程度感じられているかだと思います。『彼岸の図書館』ではこの点が問われている。気配を感じる力が弱ければ、スマート化した社会は非常に気持ちのよい世界です。すべてを自動で行ってくれるから、ものを考える必要がない。でも青木さんは、ルチャ・リブロという試みを通して、「俺たちはそこに向かわないぞ」という意思を示している。

＊10　光嶋裕介（一九七九〜）建築家。早稲田大学理工学部建築科で石山修武に師事。著書に『建築という対話――僕はこうして家をつくる』（筑摩書房）、『増補 みんなの家。』（ちくま文庫）、『つくるをひらく』（ミシマ社）など。

青木さんも歴史研究者だから、考え方の道筋はわかるような気がします。本の中にも歴史研究者らしい発想がちらほら見られて、ああ、やっぱりこの方はそうなんだと思ったり。人間の残した文字資料を元にする歴史研究者は、空間認識は苦手なはずなのに、現代の私たちを囲む空間に最大限抗おうとしていらっしゃるのがおもしろい。

青木　やはりぼくは歴史研究者である前に、一人の人間として地に足をつけたかったのだと思います。そして国民国家を成立に導いた、さまざまな意味でのモダニズムの歴史的必然性も理解しています。地縁・血縁で結びついた身分制度を解体するためには、資本主義の発展が不可欠だった。ぼくらは意図的にそういうものに抵抗したというよりは、体調を崩したことによって、速度を上げ続けている資本主義からはじき出されてしまった、という感じです。だからこそスマートシティ構想[*11]などと聞くと、そこに含まれない人や息苦しさを感じる人はどうしたらいいのかと、つい考えてしまうんです。

藤原　やっぱり病気をしっかり見つめていらっしゃるのですね。「現代思想」二〇二〇年八月号「コロナと暮らし」特集で、文化人類学者の松嶋健さんが「イタリアにおける医療崩壊と精神保健――コロナ危機が明らかにしたもの」という論考を寄稿しています。そこで、コロナ禍のイタリアでなぜ経済の最先進地域であるロンバルディアの死者数が最も多かったのかを考察しているのですが、それが興味深かった。先進地域では、お金の稼げる最先端医療を備えた病院を増やしていった結果、ホームドクター制度が脆弱化し、ルーズに構えるような部分が削られて、感染症対策ができるような柔らかさが失われていった。新自由主義が進行しすぎたことが、新型コロナウイルスに対応できなかった理由だというのです。

松嶋さんはまた、コロナで元気になる人も出てきたとも指摘されていました。ずっとひきこもりだった人が、国民全員がひきこもる中で自分は異質ではない、むしろひきこもることで国家の役に立っているのだと考えるようになり、すごく明るくなったのだと。もはや外で働き続けることと、家の中で自分と向き合う時間を持つことの、どちらが正しいのかわからない。価値観が揺らいでいるのです。いろいろな意味で、メインとされているものから外れていくところにこそ、今後の可能性があるのではないかと感じます。

スマート化ということでいえば、もう一つ私が違和感を覚えているのが「スマート農業」です。農業は今、深刻な後継者不足に陥っています。これまで日本の農業を支えてきた昭和一桁世代の人たちが引退し、耕作放棄地が急激に増えてきている。そこで世間を賑わせはじめたのが、無人の自動トラクターやドローンを使った農薬散布、全自動的にとったデータを

＊11　ＩＣＴなどの新技術を活用し、マネジメントを高度化することで都市や地域の抱える諸課題を解決し、持続可能な生活を実現するとする、内閣府の構想。Society 5.0 の先行的な実践の場とされている。

ＡＩに分析させるといった、ＩｏＴによる農業のスマート化です。圧倒的な労働不足に悩む近代農業において、確かにこれは有効でしょう。ドローンで散布すれば農家の人は農薬を浴びずに済み、より強い農薬を撒けます。ただ、農業が全自動化しはじめると農村に人はいなくなります。スマート農業がもたらす問題はそこです。コミュニティに人がいなくなり、生活環境が荒廃しはじめることです。

スマート農業の一つ、「人工肉」によるスマート畜産も新時代の夢として提示されています。牛から幹細胞を採取し、それを筋肉や筋になるよう実験室で培養して増殖し、ミキサーにかけると、ミンチ肉ができる。この「培養肉」が革命的なのは、家畜を殺さなくてすむということです。家畜を飼育する必要もないので、飼料もいらないし、牛の胃袋から温室効果をもたらすメタンガスも出ない。地球環境にも優しい方法として注目を浴びています。植物工場も同様の発想です。これらは食のスマート化の最たるものだと思いますが、私はどうしても違和感を拭えません。人工肉を食べようとは決して思わない。たしかに、自分は屠畜からは遠いところにいて、自分が可愛がった鶏を絞めて食べているわけではない。とはいえ、培養肉や培養植物が農業の代わりになるとしたら、それは人間の存在そのものが根底から問われることだという気がするのです。

そんなことを考えていたら、『彼岸の図書館』にも登場する東千茅さん[*12]のことを知りました。

八〇年代生まれの方の中から、青木さんを含め、規格外の人が出てきたな、と(笑)。東さんも青木さんも、いろんな苦難を経て今の場所にたどり着いていますよね。

ベーシックインカムの光と闇

青木　ぼくらは山村という土地柄もあり、農業はそれほど熱心にやっていません。ただ、現代社会に生きる上でしんどさを抱えていたことは、彼とも共通していると思います。きっと人それぞれの解決のプロセスがあるのでしょう。ぼくらの場合は、本のある場所を開き、現代の価値観とは違う長いスパンで、人文知を通じて自分たちにしっくりくる言葉を探すことだった。そうした自分にしっくりくる「土着」の営みを、この時代を生きるぼくたちはどう見つけて実践していけばいいのか。

そのための一助になるかもしれないものに、ベーシックインカムがあります。文化人類学者のデヴィッド・グレーバーの『ブルシット・ジョブ――クソどうでもいい仕事の理論』(岩

＊12　東千茅(一九九一〜)農耕者、里山制作団体「つち式」主宰。大阪の都市部から奈良の里山に移住し、農耕生活を送る。著書に『人類堆肥化計画』(創元社)など。

波書店）でも指摘されていたように、必ずしも必要性を感じられないような仕事に日々を費やしてしまっていると自覚している人はかなりいると思います。ベーシックインカムのような形で収入にある程度の下駄を履かせてもらえたら、自分にとっての「ちょうどいい」生活を探す時間ができるのではないか。もちろん、ベーシックインカムには危険性も大いにあって、手放しで賛成できるものではありません。藤原さんはどうお考えですか？

藤原　『彼岸の図書館』を読んで、私は正直、青木さんがうらやましいと思ったんですよ。私は職業歴史研究者であり、国立大学法人から給料をもらって好きな研究をしている。スマート化を目指す国家から守られているわけです。しかし膨大なペーパーワークや会議など研究以外の時間が年々増え、研究時間は年々減少しています。一方、青木さんたちは一度そこをリセットしている。海青子さんは、大学図書館の司書からルチャ・リブロの司書になることによって、司書の違うあり方が見えてきたと書かれていました。真兵さんも、古代地中海世界の歴史研究者であることに変わりはありませんが、いわゆるstate-sponsored研究者ではないし、図書館運営者でもあり、社会福祉法人職員でもあるというように、いろんな顔を持っている。それらの面を尊重するのがベーシックインカムの最もポジティブな点ですよね。

グレーバーが書いたように、私たちががんじがらめになっている「仕事」という概念からいったん離れてみると、「もっと仕事は面白おかしくてもいいのではないか」と思いやすくなり、社会変革のきっかけになりうるのです。それにはベーシックインカムは有効だと思います。

一方で、マイナス面もあります。ベーシックインカムを支持する竹中平蔵氏は、「ベーシックインカムは究極のセーフティネットであり、今が導入の好機だ」と主張している。つまり年金や生活保護、その他の社会保障をすべてベーシックインカムに一括してしまえば、社会保障費はむしろ浮くということ。ベーシックインカムは月七万円から八万円が相場といわれていますが、国家が毎月七万円を払っているのに飢えるのなら、それは自分のせいだという自己責任論が今よりもさらに通りやすくなってしまう。もらった七万円を大ファンのアニメや歌手のDVDセットの購入費用に使ってしまったり、愛する人に騙されて貢いでしまったりするような人は、完全に社会脱落者として見捨てられる、そういう社会が訪れるということです。これが「究極のセーフティネット」の正体です。

ベーシックインカムは確かに、仕事とは何かを考えるきっかけを与えてくれます。でもルチャ・リブロを通して青木さんたちが示唆しているのは、私たちの生活は、風土や読書体験や空間認識能力など、さまざまなものに多層的に支えられているということではないでしょうか。もし金で貧者を一括に救えるとなれば、最悪の意味でのスマート社会が本当に到来してしまう。これは大きな脅威であり、広く議論されるべきことです。

コロナ禍を契機にすでに導入や導入実験が始まっている国も多数ありますし、日本でもシンクタンクや竹中氏を含む規制緩和論者たちが検討しています。コロナ危機で国民に一人一〇万円を配ったという前例ができた今、十分にありうる話です。私たちにとって何が本当の幸せであり、どんな世界で生きていきたいのかを本腰を入れて考えなくてはならない時期に来ています。『彼岸の図書館』はまさに、ベーシックインカムの甘い汁に吸い寄せられそうになる私たちの気持ちを錯乱してくれる本でしたね。

大きなものに頼りたい気持ちが利用されている

青木　ありがとうございます。今お聞きしていて、ベーシックインカムについては二つの論点があると感じました。

一つはお金です。お金ですべてを変えられるとか解決できるという発想の前提には、人間を含めたあらゆるものが商品化されている現実があります。グレーバーが「仕事という概念から降りてみよう」と言ったのも、仕事がお金と紐づきすぎていて、お金に換算されない仕事を思い描くことすら、もはや不可能な状況になっているからですよね。

もう一つは、大きな判断を誰がすべきか、ということです。二〇二〇年春に新型コロナウイルス感染拡大に伴う緊急事態宣言が発出されたとき、ぼくはちょうど就労支援事業所の管理者をしていたので、営業をどうやって続けていくか、すごく迷いました。法人としての統一見解がすぐには出されなかったため、事業所の長が判断せざるを得なかったのですが、利用者には基礎疾患をお持ちの方もいらっしゃる。自分の判断が生死を分ける可能性がぐっと迫ってきた中で、国や県などの大きな権力が「営業を停止してください」と言ってくれたら、自分の判断を投げ捨てられるし、どんなに楽だろうと思ってしまいました。そう思ってしまう自分はすごく危険だとも感じたのですが、いわゆるエッセンシャルワーカーの方たちはもちろん、お店をされている方や責任あるポジションにいる人で、同じような葛藤を抱えていた方は多かったのではないでしょうか。ベーシックインカムも、国家という上位権力に自分の判断を任せてしまいたいという気持ちを利用される可能性は大いにある。

藤原　そうですね。多分に政治的な意味合いがあるでしょう。これは先ほどのモダニズム建築の話と似ているかもしれません。モダニズム建築の根本には、それぞれが権利を持ち、政治に参加する民主的な社会を実現しよう、そのためにできるだけ安価で快適な住居をパッケージとして提供しようという思想があった。つまりそれはみんなの希望でもあったのです。

ベーシックインカムにしても、これだけ不平等が社会に蔓延する中、せめて一人あたりそれぐらいのお金を税金から回すことは悪くないだろう、大きなものに頼りたいという私たちの心理が働いている。しかし日本の場合は、その頼りたい大きなものが信頼できないということが、今回のコロナ危機でいっそうはっきりしてしまった。台湾のようにまがりなりにも多様性への理解を示し、抑圧的ではない社会を目指すと宣言している政治指導者が権力を発動するのと、嘘で自身を塗り固めた首相が発動するのとでは、重みが全く違います。その意味で、日本は二重の不幸を負っていると思います。

一方で、大きすぎる権力は非常に危険です。一度動き出すとブレーキが効かないからです。もう少し小さな規模でのベーシックなつながりに任せるという手もある。これって実に複雑で、考えだしたら止まらないテーマですよね。青木さんはルチャ・リブロを設立することによって、そこに踏み出している。

みんなが喜んで作り出している現代日本の全体主義

青木　そうかもしれませんね。それと、藤原さんが研究されている、第一次世界大戦後のドイツのあり方も気になっています。

第一次世界大戦によって国家が崩壊し、国民を飢えから救うことが至上命題になったドイツでは、農業の科学化が進むとともに、ワイマル憲法[*13]という非常に民主的な憲法ができました。でもそれが結果として、ナチスドイツを生んでしまった。そのことと、今の日本におけるベーシックインカムを求める声には重なるところがあるのではないでしょうか。

藤原　重なるところと重ならないところ、両方があると思います。第一次世界大戦ではヨーロッパ全土で、スペイン風邪の死者を除き、約二〇〇〇万人という非常に多くの方が亡くなりました。ドイツでは「こんな社会はもううんざりだ」と思った若い海兵たちや、子どもを飢えさせまいと奔走していた女性たち、そして政府に反対する政治運動家たちがドイツ革命を起こし、政府を倒した。そこで生まれた社会民主主義は、いわゆる日本の戦後民主主義とよく似ていて、行きすぎにならないよう、ほどほどのところで妥協しましょう、というものでした。ローザ・ルクセンブルクのような徹底した革命を求める人は入れず、旧来の保守的な人と結びついてほどほど民主的に。妥協の産物だったワイマル共和国は評価が分かれます。ただ、この戦後民主主義が大きく世の中を変えたことは否定できません。男女同権をはっきりと打ち出して、女性に参政権を与えたのは衝撃でしたし、ワイマル憲法はあらゆる権威を排したため、勲章もなくなり、偉い人がいなくなった。心身障害者も国家が守ることになっ

＊13　第一次大戦での敗戦をきっかけに一九一八年に起きたドイツ革命により、ドイツ帝国が崩壊。その後制定された「ワイマル憲法」は、国民主権、男女平等の普通選挙、議会制民主主義体制、大統領制、さらには基本的人権の社会権を初めて規定し、制定当時、世界で最も民主的な憲法といわれた。

た。重要なのは、この民主主義体制からナチスが生まれたということです。
日本は一九四五年八月に敗戦、連合国軍（主としてアメリカ軍）に占領されます。五二年に沖縄と奄美諸島と小笠原諸島を除いて「独立」を回復しました。とはいっても、家父長制的で土建屋的な政治は変わらず続いていた。この性質が変わったのが八〇年代、中曽根康弘の首相就任のあたりからです。一九七三年のオイルショックの影響が長続きし、もう国家がすべて面倒を見るのはしんどい、これまでのような経済成長も見込めないから小さい国家で行こうというので、新自由主義が進みました。給食もセンター化が進み、国鉄もたばこを扱う専売公社も電電公社も民営化されました。小泉政権下ではそれがさらに進み、雇い捨てができる派遣労働が急増し、自己責任論が蔓延した。そしてその旗振りをしていたのが……

青木　竹中平蔵氏ですね。

藤原　おっしゃる通りです（笑）。竹中氏が今、ベーシックインカムを推進しようとしている。小さな国家への変質の頂点が小泉純一郎政権&竹中平蔵であり、それをよく考えずにさらに拡張してしまったのが安倍政権だったわけです。戦後民主主義からナチスができたドイツのように深刻な形ではなく、誰が何も考えていない中でベーシックインカムのようなことをいい出す人が出てきて、悪いこともみんな水に流してくれるし、それは心地いいなあという空気が生まれている。極めてファシズム的なのにファシズムを感じさせないから恐ろしい。

青木　生温いファシズムというか、ぬるっと忍び込んでくるから余計に恐ろしいですよね。みんなが気づかぬままに自主的に協力して全体主義的な空気を作り出してしまうことについては、山本七平も『空気の研究』（文春文庫）で日本文化の特徴として論じています。ベーシックインカム構想が実際に動いているとすると、そこで切り捨てられるものは何なのか。高齢者や障害者など、社会保障費で生活が補填されている社会的弱者はどうなっていくのでしょう。

藤原　ベーシックインカムは導入しつつ、その他の福祉も複合的に組み合わせてやっていくのは十分に検討可能だと思いますが、おそらく今のままだとそうはならない。「究極のセーフティネット」としてのベーシックインカムが導入され、みんなが「うれしい！　金もらえる！　働かなくていい！」と能天気に喜んでいるうちに、大変なことになる。

皆さんすでにお感じだと思いますが、マスコミも今は本質をずらすようなニュースを次から次に報道するようになってきています。安倍元首相の退任は病気の話にすり替わり、政権が起こした問題もすべてコロナにすり替えられていく。わずか六年前の「秘密保護法」[*14]の記

＊14　「特定秘密の保護に関する法律」。漏洩すると国の安全保障に著しい支障をきたすとされる情報を「特定秘密」に指定、それを取り扱う人を調査・管理し、外部に知らせたり、知ろうとする人を処罰する法律。「特定秘密」の範囲が曖昧で、国民に知られたくない情報を行政が隠してしまえるという問題、刑罰の適用範囲が曖昧で、市民が犯罪者として扱われる危険性などがある。国会審議中に国民による反対の声が大きくなったものの、疑問が解消されないまま、採決が強行され、二〇一四年一二月に施行された。

憶さえ、薄れている。この国民の記憶力の恐るべき劣化とメディアのミスダイレクションが、事態を悪化させています。ヒトラーやムッソリーニやフランコのような人が出る必要さえない。みんなが「いいね！」という方向に自然となっていっている。これはいったいどうすればいいのか。

これはＳＤＧｓ（持続可能な開発目標）への違和感にも通じる問題です。ＳＤＧｓにはいいことが書いてありますし、これまで多方面から指摘されてきた社会問題の総結集というところもある。でもその一方で、とても綺麗事にも感じてしまう。経済成長も自然環境も両方守ろうというのですから。誰かが苦しむ状況やシステムへの違和感はとりあえず棚上げしておいて、誰一人取り残さない社会を目指すとはどういうことか。そして冒頭で触れた「培養肉」は、このＳＤＧｓに合致している。

青木　まさにそこなんです。綺麗事だと感じてしまうのは、誰もが損をしないし、とても合理的に構想や制度が設計されていたりするからです。そもそもそんなもの、この世にあるんでしょうか。同じ違和感をスマートシティ構想にも感じています。インフラを全てデジタルで管理して、みんながどんどん考えなくて済む社会を構築していく。なぜそれが理想のように語られ、多くのお金が動くのか。

絶対に譲れない何かがあるということ

青木　ルチャ・リブロを開いた根底には、ぼくが内田樹先生の大学院ゼミに通っていたころの経験があります。当時、橋下徹大阪府知事があらゆることを新自由主義的な価値判断で行っていく状況にどうしたら違和を唱えられるか考えたとき、同じ違和感を抱く人たちとネットワークを作るしかないと思ったからでした。

藤原　それは本当に心強いですね。ルチャ・リブロのような、とりあえず避難できる場所というか、ここだけはクリエイティブな発想を確保しようとする人たちが一息つける場所や拠点は、今かつてないほど増えてきている。それは確かだと思います。それらの拠点が地下茎のようにつながりつつある。

青木　ぼくらはルチャ・リブロとオムライスラヂオ[*15]という二つの拠点を持っていますが、こういう拠点をつくるときのポイントは、どこにあるのでしょうか？

藤原　それは私が青木さんに聞きたいぐらいですが（笑）。実は今日、私は拠点についての会

＊15　二〇一四年スタートのインターネットラジオ。通称「オムラヂ」。一コマ約六〇分。オムラヂの革命児こと青木真兵と、マスクPこと青木海青子を中心に、多彩なゲストを迎えての激論が繰り広げられている。毎週水曜更新。https://omeradi.org/

議に出席してきたんです。文科省では今「拠点」はホットなキーワードです。世界各地の人が集まれるハブとしての拠点をつくり、研究イノベーションを興そうとしている。「拠点」は今、官僚用語なんですよ。

青木　あらら、まずいですね。

藤原　いやいや、換骨奪胎すればいいんです、青木さんが。本当の拠点はこっちですよ、と。

私自身も二〇一五年に、仲間たちと一緒に京都大学内に「自由と平和のための京大有志の会」[*16]を立ち上げました。とりあえずみんなで集まって、世の中への違和感を唱えようと。今日はその会議でした。私たちの目標は、安保法制や秘密保護法を打破して、人文学の軽視をなくしていくこと。安倍政権を倒すことも目標の一つだったので、今日は「一つ達成したから解散すべきか」を議論したのですが、誰一人解散しようとは言いませんでした。[*17]安倍さんが辞めても、何も変わらないからです。自由を標榜している京都大学は近年、急速に保守化しています。教職員の有志や労働組合の質問状を無視するような人が総長になった。今後はこの傾向にさらに拍車がかかるでしょう。

青木　この連続オンライントークに出てくださるゲストの方は皆さん、大学の中にはもはや自由にできる余白がないと感じています。各自で大学の外に、何らかの拠点を設けていかなくちゃね、とおっしゃっていました。

藤原　いやあ、恥ずかしいです。私は青木さんたちがルチャ・リブロのような場所をつくられたことに嫉妬を覚えたといいましたが、本音としては、大学の人間として、「俺も京大内でもっと頑張らな！　作ったるで！」という気持ちなのです。

私が大学で行っている講義やゼミには、学生はもちろん、農家の方、詩人の方、ホームレスの方などいろんな方が来てくださいます。研究所の用務員の方は私の新聞記事や著書を「読みましたよ、難しかったけど、なんかわかるところもある」と感想を伝えてくれるし、講演会にも来てくれる。私は、京大のサナダムシとして胃袋に穴をあけ、食い破りながらルチャ・リブロや私の話を聞きにきてくださる方のような外の人たちとつながっていくところまでをやらなくてはいけない。こういう覚悟を持ってやっていらっしゃる方を見ると、もっとがんばろうと思わされますよね。

青木　ぼくらの場合は漂流していつのまにかここにいた感じですが、これも何かのご縁かなと思っています。栢木さんとの対談でも議論しましたが、「逃げる」ことはどうしても中心

＊16　自由と平和を破壊しかねないさまざまな動きに対抗し、新しい時代の「生きる場所」と「考える自由」の創造を目指して二〇一五年七月に、京都大学の教職員・学生を中心に結成された会。https://www.kyotounivfreedom.com/

＊17　二〇二〇年八月二八日、安倍晋三総理大臣（当時）は首相官邸で記者会見し、自身の体調悪化を理由に辞任を表明した。この対談が行われたのはその約一〇日後の九月八日。

から外側に行くイメージがあって、「どこに逃げるのか」ばかりが注目される。でもその「逃げる」ことを考える過程で、そもそも「中心」とは何なのかに気づくことが重要なのではないか。中心も周縁も関係性に基づくものなので、関係性が変われば中心の位置は自然と変わってくる。

藤原 その通りです。おもしろいことを試みている人の多くは、国家が中心だと名指すものから降りていますよね。周縁で遊びながら中心の放つ磁力を弱めている感じがある。

青木 ルチャ・リブロは人口一七〇〇人の山村の、川にかけられた橋を渡って杉並木を越えたところにあります。人が自然を開拓してつくった都市ではなく、自然の中に人間がへばりつくように住んでいる環境で、家を開いているということに意味があると感じています。

藤原 まさにそうですね。他者に耳をすますことによってつくられていくことが大事で。

最近上梓した『縁食論――孤食と共食のあいだ』（ミシマ社）では、腸内レストランと地下レストランという概念を提示しました。腸という消化器官は、いわば外の象徴です。外に向かって開いている口からさまざまなものが入ってきては腸を通過して出ていく。腸内には多様な微生物がいて、大腸はかれらが生きられるよう、豊かなエキスを腸壁から与えています。これは植物も同様です。光合成によって作ったでんぷんを師管で全身に流され、エネルギー源とするのですが、けっこうな量が余るんです。余ったでんぷんは根に運ばれて、土の中に放出される。するとわんさか微生物が集まってきて、根毛が活性化していく。デイビッド・モントゴメリーとアナ・ビークレーが『土と内臓――微生物がつくる世界』(築地書館)で「地中レストラン」と呼んでいた、あれです。

ルチャ・リブロはこの地下レストランなのではないかと思うのです。世界の見えない半分には、世の中の流れとは違う動きをしている人がたくさん埋もれていて、可視化されていないけれど大きな力を持っている。青木さんのような人が撒いたでんぷんに人びとは引き寄せられ、どんどん集まってくる。そんなイメージがルチャ・リブロにはあります。

実際のところ、拠点が建物である必要はありません。火事にあってもゲシュタポが入ってきても絶対に譲れない、守りたい何かがある。それが拠点ではないでしょうか。東京などの中心都市に力があるのは確かだし、私への執筆の依頼もほとんど東京から来ます。でも、どんなことがあってもこれだけは譲れない、ということから組み立てていくしかないですよね。

青木 拠点の重要な特徴の一つに、人と人が出会うという機能があると思います。それが場所の場合もあるし、存在自体が拠点となっている人もいる。それぞれの方法で、闘いながら自然体でいられる場所をつくっていけたらいいですよね。

藤原 自分たちの居場所でそれぞれが、自分たちのＳＤＧｓのような原理をつくっていくのが自然なのかもしれません。ルチャ・リブロのＳＤＧｓもあれば、「自由と平和のための京大有志の会」の「地球を変えていくこれからの論点ベストテン」があってもいい。上から降ってきたものではなく、自分の言葉と実感から出てくる原理を掲げて、他の拠点のモットーと比較したり批判しあったりして、切磋琢磨していくべきではないでしょうか。

私も、いろいろな人が出会える偶然性の場所をつくり続けていきたいと思っています。その一つの方法が読書会です。本があると居場所ができます。ルチャ・リブロがやっているように、本を媒介に人が集まり、意見を交換し、討論する。本が持つそうした磁力を大切にしたいと思うのです。そして私は歴史研究者として、過去に生きたさまざまな死者の言葉を今の人に出会わせたい。私は二つの世界大戦があった時代が専門です。戦争で亡くなった人や生き抜いた人たち、そして今を生きる学生たちや住民たちが対話する場所、死者が読書会に参加できる空間をつくっていきたい。

中心不在の組織が理想です。とりあえず磁力だけがあり、そこにみんなが集まって言葉を交わし、言葉だけが残っていくような場所づくりを、本を通じてやっていけたらと考えています。死者の言葉を通してあらゆる種類の人が居場所を見つけ、認め合い、ふと気づけば権力者を囲んでいた――それが私にとっての一つの変革のイメージなのです。

対話4

土着の楽観主義

竹端寛 × 青木真兵

二〇二〇年十月三日収録

竹端寛（たけばた・ひろし）

一九七五年生まれ。大阪大学大学院人間科学研究科博士課程修了。博士（人間科学）。山梨学院大学法学部政治学科教授を経て、現在、兵庫県立大学環境人間学部准教授。専門は福祉社会学、社会福祉学。著書に『枠組み外しの旅』（青灯社）、『権利擁護が支援を変える』『「当たり前」をひっくり返す』（共に現代書館）などがある。

ポリフォニックで風通しのよい本

青木 今日のゲストは、社会福祉学者の竹端寛さんです。竹端さんにも『彼岸の図書館』をお読みいただいたのですが、いかがでしたか？

竹端 すごく風通しのいい本だと感心しました。どの領域でも、風通しのよい本と風通しの悪い本ってあるんですよね。その違いは、本の中に声の複数性があるかどうかだとぼくは思っています。著者が自分の主張だけをストレートに伝えるのではなく、ああでもないこうでもないと寄り道しながら膨らませていく感じ。青木さんも違和感があるとおっしゃっていた橋下徹元大阪府知事などは、シングルイシューを「これしかない！」という感じで押し通しますよね。でも世の中の大概のことって、「これしかない」とは逆で、矛盾をはらんでいるし、ああでもないこうでもないと言いながらなんとなくやっていくものです。ぼくは精神障害や社会的ひきこもりの当事者が、自らの声を取り戻すのを支援する「オープンダイアローグ」の手法を学んだり、実践する中でそのことを感じてきたので、『彼岸の図書館』にはすごく共感しました。複数の声を取り込みながら、無理矢理一つの声にしようとせず、なんとなく紡いでいく様子がすごくいいな、と。

青木 うれしいですね。この本には、ぼくらが移住を決めてから実際に移住し、さらに数年が経つまでの時間が含まれています。当初は二拠点移住をしようと思っていたけれど、実際は村に落ち着いたとか、途中で変わったこともそのまま伝えている。はじめと終わりでつじつまを合わせようとするのではなく、ドキュメンタリーとしての流れを大切にした。変わっているところと変わらないところの両方があるんです。

竹端 それを聞いて思い出したのですが、最近の大学生って、「意見は変えてはならない」という思い込みがすごく強いんですよ。高校までの学校教育で、「自分の意見を持ちなさい」とか「一度決めたら変えずに頑張りなさい」と教え込まれているのですね。ぼくが授業で「違うと思えば意見は変えてもいいんよ」と言うと、「えっ、意見って変えてもいいんですか」と驚かれることが多い。

今日のテーマである合理化にも関連すると思いますが、シングルイシューで語られるものの多くは、表面的には合理性が極めて高い。でも物事というのは変容します。マンダラのように、変容する中で複雑なものが矛盾しながら絡み合っていくというのが本当の世界なのですよね。シングルイシューや一つの合理性にまとめようとすると、そのほかのいろんなものを切ってしまうことになる。切ったほうがストーリーはわかりやすくなりますが、あえて引っ掛かりを残しながら話を進めているのがすごくおもしろいし、だからこそ一つの声、一つのリズム、一つの調子だけで終わらない、ポリフォニックなものを感じさせる本になっているのだと思います。

青木　ありがとうございます！　竹端さんのご著書『当たり前をひっくり返す――バザーリア[*18]、ニィリエ[*19]、フレイレ[*20]が奏でた「革命」』（現代書館）で取り上げられたバザーリア、ニィリエ、フレイレも、住んでいるところや生きた時代、背景は違いますが、同じことをやろうとしていたんですよね。

竹端　そうですね。今日集まっている方たちも、住んでいる場所や職業や趣味はそれぞれ違うけれど、なんとなく都会で生きているのがおもしろくないとか自分の声を取り戻したいと思っていらっしゃると思うんです。そうした共通の志や指向性を元に、少しずつ編み上げていく物語が、ルチャ・リブロでは展開されている気がします。ぼくの本ではそれは、障害者や抑圧された農民などの社会的弱者と共に社会を変えていこうとした三人でした。今の日本にも、おもしろいことをする人が各地で同時多発的に出てきていますから、多様な声を重ね

＊18　フランコ・バザーリア（一九二四〜八〇）イタリアの精神科医。精神病院長を務めながら、精神病院の廃絶と地域密着型サービスの創設に尽力した。イタリア全土を巻き込んだ反施設の闘いは、精神保健改革法（通称バザーリア法）として結実した。

＊19　ベンクト・ニィリエ（一九二四〜二〇〇六）スウェーデン知的障害児者連盟事務局長。障害者に一般市民と同様の生活・権利を保障する環境を整備する「ノーマライゼーション」の原理を整理、成文化して世界中に広めたことから、「ノーマライゼーションの育ての親」と呼ばれる。

＊20　パウロ・フレイレ（一九二一〜九七）ブラジルの教育思想家。「意識化」「問題解決型教育」などの思想が、二〇世紀の教育思想から民主政治のあり方にまで大きな影響を与えた。その実践を通じて「エンパワーメント」「ヒューマニゼーション」などの表現も、普及した。

合わせることもできそうです。
青木さんはご自身をキュレーターと呼んでいますが、キュレーションやつなぐ、関連づけるということが、今必要だと思います。インターネット検索をすれば、情報はいくらでも出てきます。でもそれらの情報の断片をさまざまな個性に合わせてつなぎ合わせながら、一つの物語を編み上げていくことこそが、土着化につながる、ＡＩでなく人間にしかできない営みだと思います。

違うシステムに身を投じてみること

青木　今日のテーマである「土着の楽観主義」には元ネタがあります。それは、竹端さんも著書で取り上げていらしたイタリアの精神科医バザーリアが、一九世紀から二〇世紀を生きたイタリアのマルクス思想家アントニオ・グラムシ[*21]の言葉を借りていった「実践の楽観主義」という言葉です。ぼくはもともと根が明るい方ですが、合気道を始めてより楽観的になった気がしています（笑）。竹端さんも合気道をされているんですよね。いつから始めたのですか？

竹端　ぼくは大学院を修了したころ、いろんな本を雑多に読む中で内田樹さんの著作に出会い、そこから合気道に興味を持つようになりました。一〇年ほど前、一緒に仕事をしていた方が合気道の有段者であることがわかり、道場に連れていってもらったのが始めるきっかけです。合気道は試合もないし、縦型社会でもない。体育会系嫌いのぼくにも楽しくできたし、稽古で他人から叱ってもらえるのがよかった。

というのも大学では、准教授になったあたりで周りから先生と呼ばれ始め、以前いた大学で三九歳で教授になったときには、「人生上がり」と言われてしまった。そうなると、もう誰も叱ってくれません。それが合気道の道場では、自分よりはるかに身長の低い有段者の先達に、バンバン投げ飛ばされて、「ダメ」「違う」と言われまくる。説明を聞いてわかったつもりになっていたことでも、やってみると全然できない。それがすごく快感でした。

今日もそうです。二〇年以上同じ学問をやっていると、その分野では専門家と言われ、できることが当たり前になりますし、どんなことを話せばどんな反応が返ってくるか、ある程度推測がつきます。でもこのイベントは、ぼくにとっては「異業種格闘戦」なのです。

合気道に出会うまでは、異業種の人とどうすれば呼吸を合わせられるのかがわからず、弾

＊21　アントニオ・グラムシ（一八九一〜一九三七）イタリアの政治思想家。イタリア共産党創設者の一人。ファシズム体制と闘い、逮捕・投獄された。

丸のようにしゃべりまくってしまうのが常でした。でも道場に通うようになってから、そういうときは少し間を持って空気を察し、相手が差し出してくれるものの中から使えるものを探すという余裕が出てきた。江戸時代には、隠居した人が能や文楽を始めることが多かったと言いますが、理由がよくわかりますね。

青木　まさに同じです。内田樹先生の影響で合気道を始めたのは大学院二回生のころですが、常識が覆りました。テストでいい点をとろうとか、トレーニングで筋肉をつけようと思ったら、苦しい思いを繰り返さねばならない。でも合気道でよいパフォーマンスをするには、力を抜かなきゃいけないというのがすごくおもしろくて。

竹端　合気道って、力めば力むほどダメなんですよね。いかに力みを手放して、相手とともにある流れをつくり出していくか。これまでは、頑張って勉強し、いい大学、いい会社に入って生産性を高めることで社会の「勝ち組」にならなくちゃ、という価値基準に縛られてきた。その基準の息苦しさから抜け出すためには、移住でも合気道でもいい、違うシステムの中に身を投じてみるしかないのだと思います。問題は、移住をしても合気道をやっていても、変わらず生産性至上主義的に生きることはできるということですが。

青木　そこが問題だと思います。次のトレンドは地方移住だ、と思って移住した人と、本当の切迫感から移住した人では、行動は同じでも違いますから。

「軸はあるけど、自信がない」

竹端　『山學ノオト』（エイチアンドエスカンパニー）で青木さんは、「軸はあるけど自信がない」と書いていましたよね。これ、すごく大事な言葉だと思いました。軸がある／軸がない、自信がある／自信がない、の四パターンがあるとして、軸もなくて自信もないのはつらい。でも、軸があって自信もあると、過信になってしまう。ある程度できている人は軸も自信もあるけれど、そこから過信になって老害と言われるのが世の常です。軸はないけど自信がある、は独りよがりで困る。最後に残った軸はあるけど自信はない、が大事なポイントではないかと。

自分のボイスは持っている。「これは嫌だ」とか「これは心地いい」という判断基準、自分がよって立つ根拠は軸としてある。でもそれを人に押しつけないし、過信できるほど自信があるわけじゃないから、他の人の軸も気になる。そういう状態にあると、学びも多いし、自分も揺らがない、合気道的にいうと、力を抜いて相手ときちんと向き合えるということにつながっていくんじゃないかなと思いますね。

青木　ぼくは「軸」がすごく大事だと思います。合気道を通じてわかったことの一つは、「力を抜く」ためには「軸を持つ」必要性があることです。力を入れれば入れるほど、この力でどうにかしてやろうと、賢《さか》しらで合理的に物事を考えてしまう。そうではなくて、決して頭で合理的に設計しなくても、あなたは存在していていいし、「力」は発生する、という発想になること。

合気道の稽古中、自分に「筋が通った」と思う瞬間がありました。それは股関節をうまく使って動けるようになったときです。これが軸なんだ、と思いました。股関節はいくら筋トレをしても鍛えようがありませんが、使い方を上達させることはできる。上手になればなるほど柔らかくなり、軸がぶれなくなる。それ以来、オムライスラヂオやルチャ・リブロの活動においても、「言葉の股関節」さえ外さなければ、何を言っても軸の通った言葉になるのではないかと思うようになりました。それがぼくなりの「実践の楽観主義」なのでしょうね。

竹端 軸があると柔らかくなるんですよね。軸がないから硬いし、硬いとぽきっと折れてしまう。自分自身の声や実存、直感、大地に根差した感覚を取り戻すというのは、自分が本来持っている柔らかさを取り戻すということなのです。ぼくは今、四歳の娘にそれをすごく教わっています。あのぐらいの歳の子って、本当に柔らかいのです。社会化していくことで人は硬くなるのではないかと思うくらい。

青木 ぼくは合気道を通じて会得しましたが、そもそも軸ってどうすれば持てるのでしょうね。

竹端 自分の好きや嫌い、おもしろい、おもしろくないと感じるものを寸止めせずに増やしていくことではないでしょうか。職場のルールには従いつつも、心の中で「本当は違うと思うんだけどな」と思っておくとか。合気道でまず型を学ぶのは型を破るためだけど、あれはつまり自分の軸を取り入れるためじゃないだろうか。型を学んだ上で、自分の個性をどう出していくか。

青木 個性的でありなさいといわれても、どう個性に気づけばいいのかわからない。そんな人は、まず型を学んでみて、そこからはみ出すものを見つめてみるといいのかな。

合理的秩序が強力な日本社会

竹端 人類学者のジェームズ・C・スコット[*22]が、著書『実践 日々のアナキズム――世界に抗う土着の秩序の作り方』（岩波書店）で、バナキュラー・オーダー（土着の秩序）とオフィシャル・オーダー（公的秩序）の対比をしていました。土着の秩序がその土地土地に自生し、気候や風土に合った季節による柔らかな変化があるのに対し、公的秩序は日本の鉄道のように時刻

＊22　ジェームズ・C・スコット（一九三六〜）アメリカの政治学者・人類学者。東南アジアをフィールドに、地主や国家の権力に対する農民の日常的抵抗論を学問的に展開した。その他の著書に『反穀物の人類史――国家誕生のディープヒストリー』『ゾミア――脱国家の世界史』（共にみすず書房）など。

表から一分もずれないような規則性だという。振り返るとヨーロッパでもアジアでも、海外では電車はたいてい遅れるし、スムーズに事が運ばないのが普通です。日本に帰国した途端、すべてがものすごくスムーズに進むことにいつもびっくりすると同時にしんどくなる。こんなに自然の豊かな国でありながら、強迫的なまでに公的な秩序が強く、そこに合わせようとみんなが必死になっている。

ＪＲ福知山線の脱線事故[*23]が起きたのは、そのせいですよね。電車が数分遅れただけで殴り掛からんばかりに怒りだす〝お客様〟がいるから、ＪＲは過度な時間厳守を教育し、運転手は数分の遅れを取り戻そうと必死に飛ばして、マンションに突っ込んでしまった。もちろん乗客に責任はありません。でもぼくはあの事故を見て、「これはぼくたちの責任でもある」と思いました。ぼくも、電車が遅れれば腹を立てたり、険しい顔をしたりしていましたから。そのころから、いかに自分がスムーズな社会を成り立たせる公的秩序に縛られていたかに気づいて、苦しくなってきた。

社会化して賢いよい子になる中で失っていた、四歳の娘が当たり前に持っている土着性を、ぼくは合気道や子育てを通して少しずつ取り戻しつつあります。青木さんが東吉野村に引っ越して大事にしているのも、そういうものなのではないでしょうか。

青木　そう思います。土着的な部分ってその人だけでどうにかできることではなく、周りの環境との関係性が大事なんですよね。街で虫を見るとぎょっとするのですが、東吉野村で見ると「ああ、そうだよね」と、自然に受け入れられる。

ぼくは障害福祉の仕事もしていますが、これは障害者が社会によって障害者とされるかどうかが決まるのと同じだと思っています。障害者とラベリングされたことで生きやすくなるケースもあるので一概にはいえませんが、ぼくが就労支援をしている障害者の方たちは、自分の中に土着的な部分があるために社会とうまくいかなかった人たちです。かれらを再び社会に適応させるために訓練するのが仕事なので、そこにはいつも葛藤がありますし、正直いうと、かれらが自分の「土着」を抑え込んで社会に適応する術を身に着けていくことよりも、せっかく持っている土着的な部分を大事にできるような、ゆるやかな社会をつくっていくことの方が大切だと思っています。

一方で、前回の藤原さんとのお話でもあったように、現代社会では合理性がますます志向されています。スマート化は土着的な部分をどんどん削って、価値判断をコンピュータに外部化していく。ビッグデータに基づいて人工知能が判断するのが、最も客観的でフェアであ

＊23　二〇〇五年四月、ＪＲ西日本の福知山線塚口駅—尼崎駅間で快速列車の前五両が脱線。先頭二両が線路脇のマンションに突っ込むなどして大破し、運転手を含む死者一〇七名、負傷者五六二名の大惨事となった。

るという感覚。これが蔓延すれば、決して合理的ではないけれど大切な「なんとなく」の感覚を社会が許容できなくなってしまう。そんな違和感を強く持っています。今後、デジタル革新と自分たちの「土着」をどう折り合いをつければ、楽観的に楽しく生きていけるのでしょうか。

「土着の合理性」に耳をすましているか

竹端　今のお話には、論点がいくつかあります。まず、客観的と思われているビッグデータに基づいたＡＩ判断は、実はそんなに中立公平ではないということです。

イギリスでは、コロナ禍で実施できなくなった「Ａレベル試験」（大学入試共通テストに相当）に代えて、政府が日頃の学業成績などに基づきＡＩに自動算出させた得点を採用した結果、非常に不合理な結果になってしまったというニュースがありました。下町の学校の子は実際よりも低い成績になり、私立の名門校の子はよい成績になるなど、ＡＩのアルゴリズムが偏見に満ちたものだったのです。結局、首相が謝罪、取り消すという事態になりました。アルゴリズムには何らかの重みづけがされていて、そこに人間の価値判断が反映されていた。ＡＩが計算する未来が、本当にみんなにとって公平な未来なのかといえば、そうではないのです。

そこでぼくが『彼岸の図書館』ですごく大事だと思ったのが、「土着の合理性に耳をすます」というフレーズでした。ぼくら一人ひとりには、内的な合理性や論理がある。でも多くの人は、社会生活を営む中で、社会通念に合うように自らの合理性を縮減させ、通念に乗っかって生きている。共通世界の合理性に合致しない人は、問題児や発達障害のラベルを貼られてしまう。ぼくも青木さんも、今小学生だったら、きっと発達障害といわれているでしょう。

青木 間違いありません（笑）。

竹端 でもそれは、公的秩序への違和感を、その人ならではの土着の合理性で表現しているからかもしれない。精神障害と診断された人も、ブラックな働き方が強要される会社に通い続け、身体が悲鳴を上げた結果、布団から出られなくなったり、自傷行為に走ったりしているのかもしれない。健常者社会は、少しでも逸脱している人に「障害者」のラベルを貼りますが、土着の秩序にあまりにも反した働き方をさせられたときに疾患が出てしまうというのは、ごく健全なことですよね。でもそれを「健全」と言ってしまうと、この社会は回らない。だからそういう人は精神障害だ、発達障害だとラベリングして社会の外に置く。そうすることで、社会はますますスムーズになっていく。

映画「男はつらいよ」のフーテンの寅さんだって、今ならきっとＡＤＨＤとラベルが貼られ、特別支援学級に入れられて、場合によっては薬漬けにされ、あの独特な魅力は消えてしまうでしょう。でも彼は葛飾柴又という、複数の合理性がある土着のコミュニティに支えられ、許容されて生きてきた。なぜそんな映画がヒットしたのか。それは七〇年代までの日本社会には、第一次産業、第二次産業、第三次産業といろいろな働き方がまんべんなくあって、多様性が当たり前だったからです。人としゃべるのは苦手だけど、動物や植物とは以心伝心の人とか、材料や道具の声は聴けるのに無口な職人さんなんかも普通にいて、許されていた。

それが、社会が急激に第三次産業化していく中で、コミュニケーション能力のない人は劣った人であるとか、あるいは何らかの障害があるとかラベルが貼られるようになってしまった。異質な人を障害者や病気と分類し、社会から排除することで、社会をよりスムーズにしようとしたわけですが、そのことによって逆に普通学級の豊かさが失われ、標準化が進んで、いじめが増えていった可能性もある。一体何のための合理性なのか。健常者の中にも、内的合理性はさまざまにあります。周りの人が聞き取れない何かが聞こえるのに、親に「そんなものが聞こえてはいけない」と言われて自分の可能性を縮減し、社会人として「立派」に生きている人もいるでしょう。でも、それで本当にいいのか。

青木さんのいう「土着の合理性に耳をすます」には、そういう問いも含まれている気がするのです。

誰のための「スマート」なのか

青木　まさにそうだと思います。寅さんの故郷、葛飾柴又はいろんな論理、内在的合理性を持った人たちが存在できる、ポリフォニックな風通しのよい場所だったんですね。だからこそ寅さんは渡世人としてやっていくことができたし、寺男の源ちゃんも御前様のところにいさせてもらえた。

一方、スマート化が目指すのは、外在的合理性に基づく社会ですよね。人の内側ではなく、外側にある合理性によって最適化された社会を目指す。一人ひとりの内在的合理性を大事にした上で、外在的合理性によって折り合いをつけていくのには賛成ですが、今のままだとそんな柔軟な社会にはなりそうもありません。

竹端　スマート化には、どれだけお金をかけずにできるかという意味での効率性も、つきまといますね。集住によるコンパクト化構想とは、一言でいえば、東吉野村のようなインフラにコストのかかる地域は潰してしまおうということです。村民が全員中心市街地に住んでくれれば、すごくスマートになる。でもそれは為政者にとって金がかからない、行政が節約するためのスマートなんですよね。

他方で、都会で働いているのに、週末だけ墓守をするため、限界集落と呼ばれる故郷に帰ってくる五〇代、六〇代の人が増えているそうです。そんなことをするより都会の墓地に小さな区画を買うほうが効率的なのに、わざわざ墓守のために週末帰ってくる。そこにその人なりの合理性があるからです。スマート化は、そうした人それぞれが大事にしているものを、経済的合理性に適わないからという理由でなぎ倒そうとしている。そこが違和感の源の一つだと思います。

標準化からどう逃れるか

青木　経済的合理性の引力って、すごく強いですよね。ほとんどの人は完全に引き寄せられていて、就職は大企業がいいし、都会に出るのが一番いいと信じ込んでいる。そういう人たちの枠組みを外し、それぞれの土着の合理性に耳をすましてもらうには、どう伝えたらいいんでしょう。

竹端　物事を考えるときって、「できない一〇〇の理由」を探す人と、「できる一つの方法」を模索する人に分かれると思うんです。

グラムシは「知性の悲観主義」と「意思の楽観主義」という対比をしていました。かつての知識人には、いっても仕方がないとファシズムに迎合し、転向する人が多かったのですが、グラムシは自らの軸を貫いたために投獄されてしまった。そのとき獄中で綴ったノートには、「知識人の悲観主義」とともに、「自分の意志はたとえ獄中にあっても、持ち続けることができる」とあり、それが後の彼の「意思の楽観主義」の原点になったそうです。

これは現代社会にもいえることだと思います。知識をたくさん詰め込んで〝賢い〟とされる人ほど、世の中に悲観的になりがちです。これも知っている、あれも知っていると頭でっかちになり、前例踏襲主義になっていく。霞が関の官僚が「これは前例に反する」「これはやったことがありません」とできない理由をひたすら並べるのはその典型です。

前例を組み替えていくのは、中心・中央から離れている人たちです。今なら限界集落がその舞台になるでしょう。青木さんも、若いよそ者だけど、人口が減り続ける中で来てくれるのならチャンスを与えてみようか、みたいな感じで場を用意してもらえたはずです。そうして「できる方法論」を何とか模索する中で、土着の合理性を実践できる場が生まれていく。これが都会の賢い人だと、「ああ、青木くんはいわゆる地方移住者だね」と、既存の分類に入れてわかった気になってしまう。

若い人にこれをどう伝えていけばいいのか。ポイントは、高校までの学校教育にどう土着の秩序を入れていくかです。今の学校教育は公的秩序でがんじがらめになっている。「総合学習の時間」は、本来は地域のおじさん、おばさんの魅力を学び、学校に土着の秩序を戻すチャンスになるはずだったのが、多くの学校では面倒だからと形骸化させてしまっている。教育現場における土着性の排除の傾向はそれほど強いんですよね。だからぼくは大学で、土着の人たちとどう出会うかを模索していこうと思っています。

青木 ルチャ・リブロの本棚は、村の大工さんに作っていただいたのですが、その大工さんがまさに土着の人なんです。釣りをすれば、普通の人が三、四匹釣れればいいところ、三〇、四〇匹を釣り上げたりする。一方、街に出ると具合が悪くなってしまう。そういう方っているんですよね。

既存の制度内だけで物事を判断していると、そういう人の重要性に気がつくことができない。「人間ってこんなもんでしょう」とか「社会人はこういうものだ」と、いつのまにか自分で自分に枠組みを課してしまう。ぼくが枠組みを疑うきっかけが合気道だったことは、先に述べました。よいパフォーマンスをするためには、つらい努力を重ねて他人に勝たねばならないと思っていたのが、できるだけ力を抜いて、小さなことをあまり気にせず、他人と比べるよりも自分の軸がブレないようにすることを重視するのにびっくりしたんです。

竹端 ぼくも、なまじ高等教育を受けてしまったがゆえに、序列主義のようなものを深く内面化していたところがありました。自らが信じていたものを引きはがすのは、簡単なことではありません。でもそれをはがさない限り、自分本来の土着性は取り戻せないのだと思います。

精神疾患を体験することで、土着性を取り戻すきっかけになっている人って、実は多いのではないでしょうか。病気になることによって、自分がいかに無茶をしていたかに気づき、本来の姿やペースを取り戻す人もいる。あるいは中年になって不倫をしたり、やんちゃをしたりする人。これも、それまで生きられていなかった自己を何とか取り戻そうとする危険な過程なのかもしれない。善悪の判断は別として。

自分の中に本来備わっている可能性を最大化させていくという、ユングの言う「個性化」はどこにいても可能なはずですが、公的秩序に縛られれば縛られるほど、果たしにくくなっていくことは確かです。だから病気になったり、思いがけないヘマをしてしまう。そうならないうちに気づくには、どうしたらいいのか。

ぼくの授業では、読んできてもらったテキストについて、学生がどう感じたか、意見を聞くようにしています。でも多くの学生は、「どういえば先生は評価してくれるだろう」と、ぼくの顔色を見て話そうとする。ぼくが「それってどういうことなん？」と突っ込むと、うろたえている。「あなたはどう思うかなんて、これまで聞かれたことがありません」といった学生さえいました。高校までの教育現場がいかに管理統制し、子どもたちを一つの枠にはめてきたのか。恐ろしさを感じます。ぼくが喜びそうなことをいうのではなく、あなた自身の声を出してごらん、という姿勢がすごく今大事なのではないでしょうか。

青木　ぼくは上野のアメ横商店街に行くのが好きなんです。アメ横のおじさんやおばさんって、声の出し方からして独特ですよね。職業の癖が沁みつくことで、身体そのものが変わっていくことに憧れていた時期があった。それはきっと、標準化から逃れたいという潜在的な願望だったのだと思います。標準化の枠組みから逃れたいけれど、逃れたらいじめられるのではないか、生活ができなくなるんじゃないか。現代社会ではそういう同調圧力がすごく蔓延していますね。

プラグを抜こう

青木　二〇二〇年は芸能人の相次ぐ自殺[*24]が話題になりました。これは、ものすごくシンプルな分析ですが、コロナ禍で家にいる時間が長くなったせいではないでしょうか。これまでは忙しくてマネージャーに任せきりだったＳＮＳに、本人が触れるようになり、ネット世界の圧力に晒されてしまったことが大きいのではないかと勝手に思っているのですが。

竹端　インターネットは本来、一人ひとりが土着性を活かしながらつながる手段だったはずですよね。多様な人とつながることで、より複数性の高い豊かな世界をつくれるはずだったネット空間は、いまや情報過多、人びとは必死についていこうとするあまり、標準化に突き進んでしまった。情報の過剰化に適応していくには標準的にならざるを得ませんが、それが進むと、自分自身が摩耗してしまう。この枠組みからいったん外れるためには、イヴァン・イリイチが五〇年ほど前にすでに指摘していた「プラグを抜く」ことが必要になると思います。まち歩きでもハイキングでもいい。自分の声が消えてしまう前に、ネットを見ない時間を意識的に持つ必要があるかもしれません。

青木　イリイチはすごいですね。「プラグを抜く」もそうですし、「テクノロジーに制限をかけろ」とも言っていますよね。本来は自分の声を届けるためのものだったテクノロジーが、自分自身をのみこんでしまうものになったというのは、人間とテクノロジーのあり方を考える上で、すごく示唆的ですね。

竹端　作家の坂口恭平[*25]さんは、「インプットは適当に、アウトプットはちゃんとしよう」と書いていますよね。今はインプットが多すぎてふん詰まりになっている気がします。SNSを四六時中見てインプットばかりしていると、自分の声を出すアウトプットがしにくくなる。優先順位を逆にすべきです。

＊24　七月に俳優の三浦春馬、九月に芦名星、竹内結子が自宅で自殺し、話題となった。
＊25　坂口恭平（一九七八〜）「建てない建築家」として活動をスタート、作家、音楽家、画家、さらには自らの携帯電話の番号を公開し、希死念慮に苦しむ人と対話する「いのっちの電話」など、幅広い活動を展開している。

ぼくもときどき「インターネット安息日」を設けていますよ。やっぱり問題は、社会に複数の合理性を許容できる豊かさがあるかどうかだと思います。文化が違えば、合理性は違う。それと同じで、一人ひとりの合理性だって同じではないはずです。重なり合っている部分を利用してルールや法律ができているのですが、今はそれ以外のやり方を認める許容範囲が狭く、「それしかない」「乗り遅れるな」となってしまっている。新自由主義はその典型ですよね。

青木 いつのまにか、合理性＝一つしかない、となっている。

竹端 「正しい」解決策を誰もが求めているけれど、本当の解決策は、人によって違う。土着性に合わせた方法を模索していくしかないんじゃないかな。

デジタルでも「杖取り」「土着」できる！

青木 合気道で「杖取り」の稽古をしていると、最初は分離した存在だった杖が、だんだん自分の身体の延長のように使えるようになってきます。そういうことって、ありますよね。ハイテクノロジーの道具ほど、そうした感覚は得にくいけれど、でも今回のようにオンラインでもちゃんとよい空気、みんなとの一体感を得られる瞬間はある。そういうときはバーチャルであっても、バナキュラーを感じることができると思います。

竹端　そうですよね。このＺＯＯＭも使い方次第で、土着の秩序にも公的秩序にもなる。聞いたところによると、ＺＯＯＭのミーティングで上座を自動設定する機能ができたそうですね。これは明らかにダメですよね。対等に議論できるのが魅力のＺＯＯＭにわざわざ上座下座をつくるなんて。自分がどんな構えでそこにいるかによって、オンラインであろうとオフラインであろうと、バナキュラーな場所にも公的秩序でがんじがらめの場所にもなりうると思います。

青木　今気づいたのですが、ぼく、しゃべり方が竹端さんに似てきているな（笑）。早口が移ってきている。自と他の区別がなくなるのっていいですよね、バナキュラーな瞬間を感じる。

竹端　ミラー効果でしょうか（笑）。もう一つ、重要だと思うのが、わからないことに耐える力です。大学で教えていていつも疑問なのが、学生さんが簡単に「わかりません」ということです。そういえば、先生が別の人を当てると思っている。これは「わからない」の誤用であり、システム側にとって都合の良い使用法です。本来、思考やコミュニケーションは「わからない」から始まるはずです。わからないからどうしたらいいかを考えるし、話し合いが始まる。それなのに「わからない」からと対話を閉ざしてしまう。

青木　もはやコミュニケーションを打ち切るための合言葉になってしまっている。

竹端　「あんた俺に構わんといて」、シャッターガラガラ、みたいな。これはいわれるほうはつらいです。オンラインの場も、わからなさを一緒に模索する場所にするのか、「正解」を知っているとされる人が一方的に伝達する場所にするのかで、ずいぶん違ってくるでしょうね。

青木　どうやって一方的に伝える場所にしないかが、デジタル技術を利用するときのポイントかもしれません。今日は竹端さんの渦に巻き込まれながら、まるで気持ちの良いお稽古を体験したような時間でした。ありがとうございました！

手づくりのアジール——「自分のために」生きていく

「手づくり」が苦手です。

大学院生のころは、一人暮らしだったので毎日外食だったし、大学院生の本分は研究なのだから、一分一秒を惜しんで少しでも本を読んだり論文を書いたりするべきだ、「意味のあること」だけをしたいと思っていました。一方、手づくりは時間がかかります。現に世の中には既製品が溢れていて、その中から選んで買えば、十分に生活は成り立つ。なぜわざわざ時間をかけて、手づくりなんてしなくてはならないんだろう。できるだけ速く、安く、手に入れる。良いものだけが市場に残り、悪いものは淘汰されていく。人に飽きられないように、興味を持ってもらえるように、見た目を変え、値段を下げる。商品の市場競争は熾烈です。いつのまにかぼくは、世の中を、他人を、そして自分を、すべてを商品のように考えてしまっていたのです。

「みんな」基準から「自分」基準へ

商品は「みんなのため」のものです。「みんなのため」とは、お金を支払えば誰もが公平に購入可能ということです。そして現代社会は、その原理によって成り立っています。一方、近代以前の伝統社会の原理は「一部の人のため」のものでした。血縁、地縁によって生まれが決まっており、「上」のほうが優遇されたのです。この身分制度を崩そうとしたのが、まずイギリスやアメリカ、フランスで起こった市民革命です。日本の場合は江戸幕府を倒した明治維新によって、近代社会に入ったとされています。この時代につくられた「四民平等」という言葉からもわかるように、これ以降「平等」という考えが価値観の中心になっていきます。つまり、社会の原理が「みんな」になっていくのです。この原理を動かす道具がお金です。お金は殿様だろうが、一般庶民だろうが、誰でも同じように使えます。ここにお金の平等性があります。しかしお金自体は平等でも、持っている量が平等でなければ、もしくは稼げる機会が平等でなければ、お金によって平等な社会は実現しません。逆に、お金が限られた人たちのところに偏り、格差社会が発生しているのが現代の問題です。

ということで、これからは「みんなのため」ではなく、「自分のため」に生きていくべきだと思います。それは自分たちや身の回りのものを、「商品として見ない」ということです。より速く、より安い。一分一秒無駄にしないのは、商品的な価値観です。そして世の中で評価されることの多くは、商品的な価値観で成り立っています。まずはその価値観から一歩遠ざかること。世の中が教えてくれる「みんな」基準の人生から、「自分」のための人生へ。「みんなはどう思うか」ではなく、「自分はどう感じるか」へ。この転換は、ぼくたちが幼少期から信じてきたものを、ポイッと捨てることを意味します。そのことはポイッというかわいい擬音からは想像もつかないほど、大きな痛みを伴うでしょう。なぜかというと、ぼくたちはさまざまな可能性を信じるように、夢に向かって自己実現をするように教えられてきたからです。つまり、人気商品としての「自分」の形成に日々努力してきたのです。今まで努力してきた時間や労力を無意味なものとして手放すのは、つらいことでしょう。

　見えるものだけを見る。わかることだけをわかる。知ることができることだけを知る。現代はできる限り速いスピードで、これらを行うことが求められています。逆に言うと、見えないものを見えない、わからないことをわからない、知らないことを知らないと言わないでいることが、揉め事を起こさず、事を荒立てないポイントです。この「コミュニケーション力」と呼ばれる能力は、ある程度は必要かもしれませんが、現代ではそればかりが重視されているように感じます。これでは不健全です。先行きの見えない時代だからこそ、人間社会でうまくやっていくための能力はほどほどに、見えないものを見ようとする、わからないことをわかろうとする、知ることができないことを知ろうとすることが重要です。このような能力を、作家で精神科医の帚木蓬生氏は「ネガティブ・ケイパビリティ」と呼び、詩人のキーツがシェイクスピアの中に見出した能力として紹介しています。

> 能力と言えば、通常は何かを成し遂げる能力を意味しています。しかしここでは、何かを処理して問題解決をする能力ではなく、そういうことをしない能力が推賞されているのです。（中略）アイデンティティを持たない詩人は、それを必死に模索する中で、物事の本質に到達するのです。その宙吊り状態を支える力こそがネガティブ・ケイパビリティのようなのです。（後略）
>
> （帚木蓬生『ネガティブ・ケイパビリティ』朝日選書、二〇一七年、六―七頁。傍点引用者）

比較不能の平野に立つ

　ぼくたちは「自分」を確固たるものにするために、どうしても「他者との違い」を求めてしまいます。世間ではどんな人が求められているか、自分はどのような人になるべきなのか。ここで一番重視されているのはニーズです。ニーズに応えるためには、常に「他者」からの視点を意識し続けていなくてはなりません。つまり、浮きすぎると見向きもされないからみんなと同じカテゴリーに入りつつ、その中で悪目立ちしないよう「自分」という商品をブランディングしなければならないのです。このような「他者との違い」によってつくられた「自分」は、所詮儚いものです。「他者」がいなくては存在できない「自分」に、本当の自信を持つことなんてできるでしょうか。

　真っ先に「他者」の視線を意識するということは、まず市場のニーズを考えねばならない商品と同じです。こうした商品のような人の問題点は、「人が集まっていない」場所や「たくさんの人が求めていない」ものに価値を見いだせなくなってしまうことにあります。しかし本来、他者が「自分との違いを確認できる相手」である必要はありません。他者は虫、花、タヌキだって、山、海、神さまだって良いでしょう。自分と比較不能の他者に囲まれた人生は豊かです。他者を自分と比較できる相手に限定してしまうから、他者が得ていないものを得ようとしたり、他者が知らないことを知ろうとしたり、他者が成し遂げていないことを成し遂げようとしてしまう。比較不能の平野に立つこと。それが「手づくり」の第一歩です。その第一歩を踏み出すためには、レイ・ブラッドベリのＳＦ小説『華氏４５１度』に登場するレジスタンス、グレンジャーの言葉が参考になります。

「ひとつ絶対に忘れてはならないことがある。お前は重要ではない、お前は何者でもない、という思いだ。いつか、われわれが携えている荷物が誰かの助けになる日が来るかもしれない。（中略）われわれは来週、来月、来年と、多くの孤独な人びとに出会うことになるだろう。彼らになにをしているのかとたずねられたら、こう答えればいい。われわれは記憶しているのだ、と。長い目で見れば、それがけっきょくは勝利につながることになる。」

（レイ・ブラッドベリ『華氏４５１度』ハヤカワ文庫ＳＦ、二〇一二年、二七二―三頁。傍点引用者）

何かを成し遂げようとすることは、商品的人間として「みんなのため」に生きていくということです。一方、手づくり的人間は、「自分のために」生きていきます。「自分らしく」とか「自分らしくない」とか、そういうことは気にしません。「自分らしく」生きていくとは、実は商品的人間として生きていくことを意味します。商品的人間の特徴は、他者の眼差しが内面化されているということです。社会的評価を気にしてしまうとも言い換えられます。決して気負う必要はありません。むしろ、ただこの世界を「自分のために」生き延びること。それが結果として誰かのためになるかもしれないし、ならないかもしれない。「自分のために」生きていくためには、まずこの社会的評価をスッと脇に置く必要があります。

例えば、社会からできるだけ離れた場所に身を置くなど、当代の支配的な考えが及ばない場所で時間を過ごすことが有用です。古来、そういう場所のことを「アジール」と呼びました。歴史学者の網野善彦によると、中世日本社会において山林は「アジール」の一つでした。地縁、血縁によって構築されていた中世の社会と違う原理が働く場という意味で、アジールは「無縁の場」であり、時の統治権力が及ばない場所のことでした。網野は以下のように述べています。

私は、中世前期には、山林そのものが――もとよりそのすべてというわけではないが――アジールであり、寺院が駆込寺としての機能をもっているのも、もともとの根源は、山林のアジール性、聖地性に求められる、と考える。（中略）平安初期、九世紀以降、僧侶の山林修行は公認され、多くの寺院が山林に建立されるようになった。そうした寺院は、多少ともアジールとしての性格をもっていたと思われるが、なかでも有名なのは高野山である。戦国期、ここには「遁科屋」（たんくゎ屋）が存在した。それはいかなる罪科人も、この門の中にふみ入れれば、その科を遁れうるという建物といわれ、高野山のアジール的性格を物語る最もよい証拠とされているが、こうした特質の源流は、やはり山林そのものの聖地性に求められるのではなかろうか。

（網野善彦『【増補】無縁・公界・楽』平凡社ライブラリー、一九九六年、一二七―八頁）

網野は山に寺が建てられた理由として、山自体のアジール性、聖地性があったと考えています。山のアジール性は、法律という時の権力が定めたルールを無効にする力を持っていました。まさにアジールは当代の支配が及ばない場所だったといえます。

アジール研究者の舟木徹男は、以下のように述べています。

そもそもドイツ語のアジール Asyl（英 asylum, 仏 asile）は「不可侵」を意味するギリシア語 asylos-asylon に由来する語である。この原義から転じて、アジールは「庇護」「避難所」の意味を持つようになる。というのも、犯罪者や逃亡奴隷が家や墓地や教会など特定の場所へと逃げ込むと、その場を支配する聖性ゆえに彼らをそれ以上追跡することが不可能となり、結果的に避難所として機能したためである。

（オルトヴィン・ヘンスラー著『アジール――その歴史と諸形態』国書刊行会、二〇一〇年、一九〇―一九一頁。傍点引用者）

ぼくのいう、支配的な考えが及ばないこととは、「聖性を有している」と言い換えることもできます。その結果、人が逃げ込める場所になっていたのです。聖性という言葉は、別にスピリチュアルなものだけを意味しません。具体例として、戦後にはまだ山にアジール性が残存していたことを、哲学者の内山節も述べています。

上野村の人たちが、「昔は〈山上がり〉という習慣があってね」と私に話してくれたことがある。昔、といっても、それは一九五五（昭和三十）年頃までつづいていた。その頃までは、たまに、いろいろな理由から経済的に困窮してしまう村人がいた。こんなとき村では、〈山上がり〉をすればよい、といった。〈山上がり〉とは、山に上がって暮らす、ということである。森に入って小屋をつくり、自然のものを採取するだけで、たいていは一年間暮らす。その間に、働きに行ける者は町に出稼ぎに出て、まとまったお金をもって村に帰り、借金を返す。そのとき、山に上がって暮らしていた家族も戻ってきて、以前の里の暮らしを回復する。

　現在の私たちの感覚では、ずいぶん悲惨な緊急避難という気もする。ところが村人は、「そんなことはないよ」という。「むしろ逆だよ。昔は山にさえ上がれば、一年や二年、一銭もなくたって暮らしていける、という気楽さがあった」

（内山節『「里」という思想』新潮選書、二〇〇五年、三六―七頁）


かつて里で暮らしていた人たちには、山というアジールがあったといいます。とはいえ、当時山の中で一銭も使わずに暮らせていけたのは、山の持つ聖性のためというよりは、きのこや山菜などの知識や川魚の捕り方、どんぐりのアク抜き方法など、さまざまな能力が人びとに備わっていたためです。現在とは自然環境が大きく異なっていたこともあげられるでしょう。反対に言うと、聖性とは「一銭も使わずに生きていくことのできる力」と近しいのかもしれません。里と山を対置させたとき、里で生きるのに必要な能力は「お金を稼ぐ力」であり、山で必要なのは「お金がなくても生きていける力」だといえます。かつて里では商品交換による平等な原理が働き、山では手づくりによる聖なる原理が働いていたのです。

有限性を受け入れる

聖なる原理とは、何も魔術的な力という意味ではありません。そうではなく、人間以外のものを他者として認めることのできる力のことです。重要なのは、自分が生きている環境をどう捉えるか、です。例えば、ぼくたちが暮らしてきた都市は限界を有していません。特に近代以降の都市は、科学という普遍的方法によって自然を制圧し、「人間が生活するための場所」として設計、建設されています。「普遍的」とは限界を持たないという意味です。この普遍的方法によって作られた場所で考え続けたアイデアは、どこまでも無制限に拡大、飛躍していってしまう。そうなると、どんどん手づくりには遠ざかってしまいます。手づくりという聖なる原理を取り戻すためには、「限界に気がつく」作法を身につける必要があります。

そもそも、ぼくたちはどのような環境に生きているのでしょうか。というか、何をどこまで環境に含めるのでしょう。ぼくの「環境」は、山村に移り住んだことで大きく変化しました。山村は人間が生活するために、自然を制圧してつくられた場所ではありません。山の中に間借りをしているような感覚です。人間だけではなく、犬、猫といった「家族」に近いもの、家の中に侵入してくるカマドウマやテナガグモ、カメムシ。天井を走り回るネズミ（おそらく）。庭先に現れるサワガニやカエル、トカゲ。家々を飛び回るヤマガラ。刈っても生えてくる草花をはじめ、台風で落ちてくる大きな枝、枯木など。これらすべてを含んだものが「環境」です。そしてこれらはいつか死にます。無限の可能性を内包する都市とは異なり、山村で暮らすということは「死」という有限性を意識することなのです。

今の暮らしでは、死が比較的身近にあります。どうやら家周辺の地面が土であることが大きいようです。アスファルトで舗装され、エアコンによって快適に調整されている都市では、死は隠すべきものとなっています。一方、土や木に囲まれた山村の家では、本当にたくさんの生き物が訪れ、死んでいくのを見ることになります。しかし、それらを異物だとは全く感じません。きっと人類はもともとこういう感覚で暮らしていたのではないかと思います。社会の内部と外部を行ったり来たりすることには、生の世界と死の世界を往還するという意味もあります。「あ、ミミズが死んでるわ、アリが片づけてくれるだろうな」くらいのこともあれば、車に轢かれたタヌキがアスファルトの上で血まみれになっているのを見て、ギョッと心臓に痛みが走ることもある。山村に越して死が身近になったからといって、ぼくたちが死を日常のものにしたかというと、そうではありません。生と死の間にこれくらいの距離感は、やっぱりあるのです。ただし、山の中でタヌキの死骸を見てもさほど驚きはしないはずで、晴れの日も雨の日も土の地面を踏みしめて仕事に向かっていると、つくづくアスファルトは人間が自然を制圧した証だと感じます。この上では、どんな生き物も異様に映ってしまいます。

手づくりの原理を取り戻すためには、「生きていることもあれば、死んでいることもあるわ」くらいの感覚で、二つの原理を往復することが必要になります。お金を稼ぐ力ばかりを気にしてしまったり、自分や他人、社会を商品のように見てしまいがちな現代において、手づくりの原理が働く空間は「逃げ込める場」としてのアジールになる。そしてそのアジールで「諦めが肝心」と言わんばかりに強調されるのは、人間の無限の可能性ではなく、有限性のほうです。なぜなら、まず有限性を受け入れることからしか、手づくりの原理を有した人間が立ち上がることはできないからです。

ぼくがまず有限性を突きつけられたのは、大学院においてでした。進学した西洋史の大学院ゼミには教授が二人いて、修士課程から博士課程までの大学院生一〇名以上の出席者がいました。各自の研究分野は多岐にわたり、現代ドイツ史から中世フランス史、私のように古代地中海史を研究する人間もいたため、発表では専門外の研究者にもわかるよう説明しなければなりません。歴史学では特に厳密に、エビデンスに基づいて論説が展開される必要があります。歴史学におけるエビデンスとは、文字で書かれたものとしての歴史資料であり、書き残されていないことは存在しないとされます。「史料に書かれていないことは言ってはいけない」というセオリーを叩き込まれたのです。これが私の有限性との初めての出会いでした。当時はとても窮屈に感じましたが、今ではどんな事件、言説、人物であっても、環境や時代という有限性の中に存在しているのだという、ぼく自身の考え方の土台になっています。

一方、文字で書かれていないことを証明しようとした歴史家もいました。フランスの歴史家アラン・コルバンです。著書『記録を残さなかった男の歴史——ある木靴職人の世界 1798-1876』（藤原書店）でコルバンは、一九世紀フランスの農村の古い戸籍から無作為に選んだ人間の人生を描くことを試みます。この本の主人公ピナゴは、一切の痕跡を残さず死んでいった普通の人間です。だから、彼の存在を直接的に物語る史料は存在しません。彼の姿を描くためには、彼がいた歴史、社会、生活状況といった周辺環境を叙述することになります。有限性を知った上で、その限界の向こう側である「外部」と行ったり来たりしながら作品を作っていく。これが手づくりの本質だと思っています。

手づくりをするためには、まずは道具の使い方を学ぶ必要があります。道具を使うということは、何かができるようになる一方で、その道具を使っている間は他のことができなくなることを意味しています。道具を使えるようになるためには、まずはこの「他のことができなくなる」という不可能性を引き受けなければなりません。これが有限性を認識することでもあります。なんでもできるような気がしながらも、「他のことができなくなる」ことを受け入れる踏ん切りがつかない、こんな苦しい期間を思うたび、ぼくはいつも作家・須賀敦子の文章を思い出します。

きっちり足に合った靴さえあれば、じぶんはどこまでも歩いていけるはずだ。そう心のどこかで思いつづけ、完璧な靴に出会わなかった不幸をかこちながら、私はこれまで生きてきたような気がする。行きたいところ、行くべきところぜんぶにじぶんが行っていないのは、あるいは行くのをあきらめたのは、すべて、じぶんの足にぴったりな靴をもたなかったせいなのだ、と。

（須賀敦子『須賀敦子全集3』河出文庫、二〇〇〇年、一三頁）

「研究」の可能性

有限性、つまり「何かができない」ということをどう考えればよいのでしょうか。ぼくは東吉野村に移り住んで、障害福祉にかかわり始めました。この分野で重視されるものの一つに、自己理解があります。自分は何に向いていて、何に向いていないのか。何ができて、何ができないのか。携わっている就労支援における自己理解には、その言葉の前に「労働力として」という意味が潜んでいます。確かに適正、不適正を知ることは社会で生きていく上では不可欠ですが、ぼくは自己理解をもう少し広く捉えたい。なぜ意味も目的も明確ではないのにこのような行動をしてしまったのだろう、なぜこういう気持ちになっているのだろう、という「自分の内在的論理」を知ろうとすることも、自己理解の中に含めたいと思います。それは自己を理解しようとし続ける、常に暫定的な行為です。

自分の内在的論理を知るために、特に参考になるのが当事者研究です。当事者研究は、北海道の浦河にある障害者支援施設「べてるの家」で始められたといわれています。精神障害の当事者がとった行動を、問題行動などとレッテルを貼るのではなく、なぜそうした行動をとったのか、またそうした行動をしてどうだったかというように、行動と自分を切り離す。行動と自分は常に乖離しているけれど、たまに一致したり、すごく離れたりもする。良い、悪いではなく、想定外の行動をとってしまったとき、自分はどのような状況、気持ちにあったのかを分析し考察することは、研究という一見静的なイメージからは想像もつかないほど、明るく動的な試みになります。『当事者研究の研究』の中で、哲学研究者の池田喬は以下のように述べています。

研究とは、自分（たち）にとってのっぴきならない問いを立て、それに答えを与えようとする――おもしろそうな――知的冒険であり、研究仲間からの多様なリアクションに開かれた共同的なプロセスだといえるだろう。だから、研究の生きとした活動は、孤独に自分の欠点や弱さを自省することでも、机上の空論をもてあそぶことでもなく、人間が現実の世界の中で他の人間たちと共に生きていく一つの主体的な実践である。

こうした意味での研究を始めるためのもっとも重要かつ必須の動機は、どうしても解き明かしたい問題を持っているということであろう。河崎青年の場合のように、この問題は日常生活においては苦労や悩みとして現れることがある。逆にいうと、日常においていろいろな問題を抱えていることは研究の原動力になる。いろいろな問題はその人の事情によりさまざまであり、問題の数だけ、当事者研究のテーマは多様でありうる。当事者研究の原点は、生活の中で何らかの問題や困難と向き合っているということにある。

（石原孝二編『当事者研究の研究』医学書院、二〇〇八年、一一八頁）

当事者研究は、一人ではなく複数人で行います。一つの研究対象に、複数の人間が向き合うのです。それぞれが自分の困難を持ち寄り、開き合うことで、研究の過程や成果を共有する。この研究への姿勢は、ぼくたちが山村で自宅を開いて図書館にしている、ルチャ・リブロの姿勢と一致します。ぼくたちも都市から逃げ出してきて、自分たちが抱える困難についての研究過程を、図書館活動、本やラジオなどを通じて開き、共有しているからです。

　こうした意味で当事者研究には、手づくりの原理が内在しています。手づくりとは、誰もが対価を払えば手に入れられる商品とは異なり、自身の個別性、身体性を手がかりに行う行為です。そして個別性や身体性に触れるためには、コントロールできない、社会の外部が自分の中にもあることを認める必要があります。社会の外部とは、当事者研究の場合は主に精神疾患を意味するし、ぼくたちの場合だと体調不良や日々社会に対して感じている違和感だったりします。現代は「みんなのため」の商品を目指しすぎています。そうではなく、自分の中にある社会の外部を手がかりに、まずは「自分のため」に生きていくことが必要だと思うのです。

手づくりの原理とは、「お金がなくても生きていける力」であり、社会的評価を気にしなくても生きていける力です。この力を手に入れるためには、他者を人間ではなく、比較不能なものに措定すること。だから、できるだけ人間がいないところに身を置く時間を増やすのが良いでしょう。手づくりの原理を取り戻す過程を自分と切り離し、みんなで共有する「研究」という行為は、みんなと自分を行ったり来たりしながら、時間をかけて生きていくことを意味します。ルチャ・リブロを通じて研究しているのは、他者の眼差しを感じないですむ時間をいかにしてつくることができるかということ。まずはぼくたち自身が、「みんなのため」ではなく「自分のため」に生きていく。この過程を共有することこそ、手づくりの原理を取り戻す、アジールを「手づくりすること」なのです。

対話5

生活と研究

磯野真穂
×
青木真兵

二〇二〇年十一月七日収録

磯野真穂（いその・まほ）

一九九九年早稲田大学人間科学部スポーツ科学科卒。オレゴン州立大学応用人類学修士課程修了後、早稲田大学文学研究科博士後期課程修了。人類学者。博士（文学）。専門は文化人類学、医療人類学。著書に『なぜふつうに食べられないのか——拒食と過食の文化人類学』（春秋社）、『医療者が語る答えなき世界——「いのちの守り人」の人類学』（ちくま新書）、『急に具合が悪くなる』（共著、晶文社）、『ダイエット幻想』（ちくまプリマー新書）などがある。

青木　今日のゲストは、人類学者の磯野真穂さんです。磯野さんは、今日は福井にいらっしゃるんですよね。

磯野　はい。自宅のある東京よりはちょっと東吉野村に近いですね。

青木　オンラインだから関係ないですけどね（笑）。『彼岸の図書館』、いかがでしたでしょうか？

磯野　まず感じたのが、青木さんと私には共通点があるということでした。青木さんはもともとアカデミアの中にいたけれど、体調を崩したことで、出ざるを得ないところに追い込まれたわけですよね。私は具合が悪くなったわけではありませんが、もういられない、という状況ではあったので、同じ「出てしまった人」として親近感を抱きました。

一方、違ったのは、移動の道筋でした。『彼岸の図書館』ではどちらかというと田舎のよさを強調されていましたが、私は長野の田舎で生まれ育ち、東京の真ん中へと引っ越したので、逆なんですよね。私には青木さんほど都市をネガティブに捉えていないところがあります。

本の中で、土着の人文学というワードが気になりました。それはどういうことなのか。大学の外で学問をしていくことについても、今日はお話しできたらと思っています。

青木　ありがとうございます。そうなんです、「土着人類学」というのはぼくの造語なのですが、そもそも人類はその存在自体が土着です。どういうことかというと、土地土地に暮らす人びとの行動様式や構造には、土地からの影響を受けないものはありません。その影響を受ける柔らかい部分を自然という言葉で表現すると、人類は自分の内部に普遍的に自然を持っている。こういう意味で、元来人類はその存在自体が土着だと思っています。

そもそもレヴィ＝ストロースやマリノフスキーといった文化人類学者たちは、近代化した社会では失われてしまった人類の土着的な部分を、未開社会の中に見いだそうとしてきたわけですよね。でもイヴァン・イリイチが指摘しているように、社会の近代化に伴い、人はどこにでも住めるようになり、土地性が喪失した。ぼくは、どこにでも住めるようになった結果、人類は根無草のように抽象的な存在になってしまったことを問題視しています。そのせいで社会が想定する人間像もどんどんヴァーチャルになり、誰にとっても生きやすい社会を目指すはずが、誰にとっても生きにくい社会になっていってしまうのではという危機感があります。だから抽象的になってしまった人類を、再び土着化させ、土地に結びつけて具体的な存在として考え直したい。

ぼく自身を顧みても、故郷としての田舎を持たないため土地の制約を受けず、すごく自由ではありますが、これを突き詰めていくと、人間らしいといえるのかという疑問がわいてきます。東吉野村というミクロな場所から、人間とは、人類とは何なのかというマクロなところまで話を飛躍させたい。土着人類学という造語にはそんな思いがあります。そう考えて、ルチャ・リブロでいろんな人の話を聞き、自分の言葉を紡いでいこうとしているのです。

境界の曖昧さが担保されていた、あのころ

磯野　私も最近、「人間とは何か」が問われていると感じています。私が研究を続けてきた医療現場、及びその近接領域である介護現場では、新型コロナウイルスの影響で面会制限がかかっているので、会うのはもっぱらオンラインです。それを、やっぱり身体と身体が出会うほうがいいよね、と言ってしまうのは、楽ですが、安易な気もする。手紙のやりとりを通しても心を通わせることができるのが人間です。だからこそ、生身の交流だけが人づきあいだ、とは言い難い。つまり、土がなくても、人と人が生き生きと生きる空間は立ち上がるのではないかと思っているところがある。

そう考えるようになったのは、二〇一九年九月に哲学者・宮野真生子さんと出した『急に具合が悪くなる』（晶文社）に収録した書簡のやりとりが、私にとって大きかったからだと思います。あれは、青木さんの言葉を使えば、「離床化されたデジタルのもの」だけを使ったやりとりでした。いわゆる身体性はまったく存在しなかった。にもかかわらず、そこにはか

って経験したことのないほど濃密な人と人とのコミュニケーションがあったんです。人と人とが交流しているとき、そこには何が起きていて、どんな空間が立ち現れているのか。そのことを、土と結びつけずに考えたいと思っているのですが、青木さんはいかがですか？

青木　ぼくも「土着」を唱えてはいますが、畑や田んぼをやるといった土いじりに限定はしていないし、物質としての土や身体を不可欠なものだとは考えていません。とはいえ、山村に越して初めて体験した、家の前に土が広がっていて、アスファルトの道じゃないという状況は大きかったですね。毎日土の道を歩いて仕事に出ていき、土の道を歩いて家に帰ってくる。雨が降ったらぬかるむし、冬は霜が降りてザクザク音がする。夏は乾燥してひび割れた感触がする。そういう変化の中に自分の身を置けたことが、すごくしっくりきたのです。

磯野　浦和では、そういうことがあまりなかったのですか？

青木　マンションに住んでいましたし、通学路はすべて舗装されていました。当時は自分の関心がそちらに向いていなかったせいもあると思います。ぼくは一九八三年生まれで、物心がついたころから周囲の溝川がどんどん埋められ、道が拡張されていくのを見てきました。近所づきあいはなくなり、森といえば近くの氷川神社だけ。季節とともに変化する自然がみるみる失われていきました。

磯野　生活環境が完全に調整されて、常に同じ状態に保たれるようになった。それは大きいかもしれませんね。

私は小学生のころ、片道二・五キロほど歩いて登下校していて、その途中には砂利道もありました。夏休み前なんて、小さな体で絵具箱から体操着まで全部持って帰らなくてはいけなくて、ヘトヘトでした。しかも、水筒を持っていってはいけない時代で、行き帰りに水も飲めない。あまりにも喉が乾いて、川の水を飲んだこともあります。北アルプスの麓だったので、川の水は飲めるくらいきれいでしたが。一方、帰り道には、大きなアオダイショウが死んでいたり。近くの馬小屋に覗きに行ったら、馬にランドセルを舐められたこともあった。

思い返すと、青木さんが曖昧なものをそのまま掴みたいとおっしゃったように、いろんなものがぐちゃっとそこにそのままあることが許されていたと感じます。馬小屋に入れたのも、子どもが入ることを持ち主が許容していたからです。田んぼで子どもたちが遊んでいても、「ここは私有地だから入るな」なんて決して言われない、境界の曖昧さが担保されていた。でも今は、そういう許された遊びの空間が本当になくなってしまいましたね。

青木　小学校に通っていたころ、校庭は出入り自由で、他の校区の子も一緒にサッカーしたりしていました。でも九〇年代半ばごろから、在校生しか使えない、何時以降は閉門、となってしまって。母が病院勤務で鍵っ子だったぼくは、よく学校帰りに母の職場に行き、受付の奥に座って看護師さんとおしゃべりしていました。妻も母親が学校の用務員をしていたので、低学年のころは夏休みに一緒に学校に行き、遊ばせてもらっていたと言っていました。かつてはそういうゆるさがあったんですよね。

磯野　境界を曖昧にしておくと、汚いものや見たくないものも入ってきてしまいます。例えば、学校の帰り道に、誰かが我慢できなくなってしてしまったウンチとか、ありませんでした？今そんなのが東京の道端に落ちていたら、大騒ぎですよね。でもそういうものがふわっと許されていたからこそ、遊びの場も確保されていた。それは環境調整のされていない、さまざまな意味が自分の身体に入り込んでくる体験であり、意味を交差させることが許される社会がもたらす恵みだったと思います。

時間の経過と質の変化

青木　今の家では夏、家の前にカナブンやフンコロガシなど、ものすごい数の虫が死んでいるのですが、朝にはアリが来て死骸を盛んに運んでいて、気がつくと死骸は全部なくなっている。道端のウンチも虫の死骸も、やっぱり実際にはあるものですよね。そういう嫌なものから目を背け、どんどん退ける中で成り立っているのが都市の生活です。それらが目の前にあって、でもあり続けるのではなく、時間の経過にしたがって虫が来たり雨が降ったりすることで、変わっていく。生と死を身近に感じられるのは健全だと思うんですよね。

磯野さんが宮野真生子さんとのオンラインのやりとりに「人間」を感じたのは、そこには時間の経過と、体調の変化があったからではないでしょうか。時間の経過が最も顕著に感じられる「生と死」という形で表れていた。だからこそやりとりに、生物としての人間が滲み出ていたのではないかという気がするんです。

磯野 なるほど。時間の経過というのは、すごく大事な話ですね。社会学者のアンソニー・ギデンズ[*26]が、「近代社会は、時間と空間を切り離してしまう」と言っていました。前近代までは、時間と空間は一つの場所に結びつけられていたけれど、近代以降、それがバラバラにされてしまったのだと。世界地図に代表されるように、中心が不在のまま空間が表象されたり、時間は時計で計られるようになったり。だからこそ、まったく違う場所にいる人たちが同時に交流することができるけれど、かれらは同じ場所を共有していない。ギデンズがいう「場所」とは、青木さんのいう質的な経過のことだと思います。道がぬかるむとか、身体に変化が起きるとか。そういう変化って、面倒くさいじゃないですか。均質じゃない道を進む

＊26　アンソニー・ギデンズ（一九三八〜）イギリスの社会学者。ニュー・レイバー中道左派の政策ブレーンとしても活躍、英国ブレア政権の「第三の道」路線を支えた。『資本主義と近代社会理論』（研究社）、『社会学の新しい方法規準』『再帰的近代化』（共著、共に而立書房）など。

のは時間がかかるし、予想外のことも起きやすい。高速道路やアスファルトは、まさに時間と空間を切り離した結果だと思います。普遍的な空間でも、もちろん時間は経過しています。でも質的変化は伴わない。青木さんのいう「土着」は、物理的な土というよりは、ある種の「場所」を取り戻す試みなんですね。

青木　まさにそうですね。今日のテーマは「生活と研究」ですが、生活には時間の経過があるけれど、一泊二日のキャンプには時間の経過はないと思うんです。森でキャンプをすることによって自然のよいエネルギーを受けることはできますし、一時間や一日は同じように経つけれど、その後都市に戻っていく場合、その二日間で質的な変化を感じることは難しい。一方で、一年間には春夏秋冬があり、同じ場所で同じ生活を続けることによって時間の経過と質の変化を対応させて感じることができる。両者は、きっちり対応しているわけではありません。一日で質的変化がガラッと変わることもあれば、五日経ったら元に戻ってしまうこともある。そういう揺らぎ、一定のペースでは質的変化は起こらないことも含めて感じるのが、「生活」なのではないかと思います。

研究を大学と紐づけて考えていたころは、そうした部分が欠けていたなと思います。一年に三本以上論文を書かなきゃいけないけれど、その中身の質の変化については問われないとか。でも研究活動って、そういうものじゃないですよね。一定のペースでは進まないのが当たり前だし、永遠にうーんと唸っていたかと思えば、ある瞬間に「わかった！」と閃くこともある。研究という生モノを均質化した時間で管理するのは、そもそもおかしいんです。ぼくはもっと研究を自分の手に取り戻し、生活の中に落とし込むことによって、自身の生活自体にも時間を取り戻したいと思ったのです。

磯野 一定のテンポで進み続ける大学の時間とは違う時間を持つということですね。奈良に引っ越されてからは、生活の中に据えた研究を取り戻したという実感はありますか？

青木 めちゃくちゃありますね。街に住んでいたときには、自分の中に質的な変化を伴う時間の流れが見て取れなかった部分がありました。というか、その質的な変化よりも数値として測定できる生産性を重視せざるを得ないから、見ないようにしていたのだと思います。でも東吉野村に来たら、生き物としての質的な部分を中心に生きていこうと、良い意味で諦めがつきました。それまではいかに変化せずに生きられるか、マシーンに近づくことが求められていた気がしています。

磯野 青木さん、街にいたとき一体どうなっていたんですか！（笑）

青木 よっぽどですよね（笑）。こちらで暮らし始めてから、自己機械化ともいえる状況に自分を追い込んでいた背景には、都市での生活環境があったんだなと分析できるようになりました。都市は無時間モデルだったんだ、と。山村は有時間モデルといえると思いますが、ここに身を置くことで初めて生活と研究がバシッと結びついた感じがしました。

何を「研究」と呼ぶのか

磯野　青木さんは、論文を書いたりすることよりも、そこで起きていることが何かを分析していく営みのことを「研究」と呼んでいるのですね。

青木　そうですね。東吉野村に引っ越すとき、自分の中で研究の意味を広くとるようにしました。それまでは研究＝論文執筆と学会発表、だったのですが、こちらに来てからは、生活の営みを分析し、言語化していくことを研究と呼ぶようになりました。この飛躍は、引っ越してから仕事としてかかわり始めた障害福祉の影響が大きいです。北海道の浦河にある「べてるの家」[*27]で行われていることで知られる、自分がなぜこんなふうに行動してしまったのかを分析、言語化し発表する、「当事者研究」のアイデアをお借りしました。

磯野　なるほど。私はまだそのレベルには達していないなあ。『彼岸の図書館』にも、どうやって生計を立てていくかというお金の話が少し出ていましたが、お金ってどんなに嫌でもやっぱり必要で。もちろん研究はお金にはなりにくい。でも全く違う仕事で生活費を稼ぐことは避けたい。そのためにはどうすればいいかを、私は結構考えたんですよね。研究者って今、めちゃくちゃ就職しにくいじゃないですか。

青木　そうですね。

磯野　就職先がほとんどないし、業績をあげた人が必ずしも常勤に就けるわけでもない。若手のポジションが不足しているといいながら、論文を書いたことさえない文化人が突然教授になったり、定年後何度も就職する人がいたりもする。そういうのを見るうちに、これでは若手が腐る、と思いました。実際、私も腐りましたし。ここでやっていくためには、人間関係にうまく入り込んだりしなきゃいけない。

青木　ほぼそれに尽きますよね（笑）。

磯野　そう。もちろんそういうことがうまい人もいますが、誰もがうまくできるわけではないでしょう。だから、大学内の研究者とほぼ同じことを、大学の外でもやっている人がいたら、次世代の希望になりうるのではないか――そう思って今の活動を始めたのです。[*28] だからこそ私は、学会発表や論文執筆の営みは、やっぱり捨てずに持っていたいなと思っていて。大学という制度への反骨精神というか。

＊27　精神障害を抱えた人びとが共同生活を送る、北海道浦河町のグループホーム兼作業所。一九八四年設立。病気の治療や社会復帰ではなく、弱さを受け入れ、問題のある人生を肯定する力の獲得を目指している。

＊28　磯野さんは、オンラインの学びの場「FILTR」で「他者と関わる」「聞く力を伸ばす」などの連続講座を開講している。

青木　磯野さんはぼくと違って大学で常勤をされていたから、教授会など大学内部のことをよくご存じでしょうし、バブルの残り香を吸った世代ということも影響しているかもしれません。ぼくら世代にとって、バブルはファンタジーでしかなく、そもそもそちらに向かおうとはこれっぽっちも思っていない。失われた大陸を探すより、一からつくったほうがいいんじゃないか。ルチャ・リブロを手づくりの研究センターと呼ぶのはそういう感覚があるからです。

ぼくは食べていく手段としては、障害者の就労支援の仕事をしていますが、これがやってみたら自分の関心にすごく近かった。エンパワーメントという概念に、自分が思う教育や研究の概念も含まれていたことに、やり始めてから気づいて。今も西洋史関連の論文執筆や研究発表はしているので、そこから完全に足を洗ったわけではないのですが、やっぱり自分のペースでやりたい。常勤を目指すと、どうしても自分のペースではできなくなりますから。

磯野　自分のペースはゼロになりますね。求められる書類を書き続けるしかない。

青木　その書類をいかに効率的に処理するか。研究職に一番求められる能力が事務処理能力って、ちょっと悲しいですよね。幸い、障害者の就労支援は自分の関心にマッチしたし、今の社会福祉法人がいい意味で福祉っぽくないところも自分に合っていました。

人文知が発揮されるとき

磯野　医療の研究をしていて思うのが、人文知とは、実はすごく医療と親和性の高い学問であるということです。

青木　ああ、それは絶対にそうですよね。

磯野　専門資格を持たない人文社会学者には、医療的介入はできません。でも、障害や病気のある方というのは、「当たり前」からずれてしまって困っている人たちです。その当たり前は実際には非常に奇妙な、病気になっていない人にとってもしんどいものだったりする。人文知は、そういう「当たり前」を問い直す学問なので、障害を持つ方の支援に役立たないはずがないんですよね。むしろめちゃくちゃ役立つだろう、みたいな。

青木　そのせいか、ぼくも就労支援はノーストレスでできました。

磯野　もはや、天職だったのでは？

青木　実はそう思っています（笑）。就労支援は、文字通り就労を支援する仕事なので、普通にやると、利用者にビジネスマナーを身につけてもらって、履歴書の書き方を教え、面接の練習をして、就職試験を受け続けてもらうということになる。でもそこに人文知を差し込むと、「働くとは、そもそもどういうことなのか」から問い直すことができる。履歴書を書いたり面接を受けたりして就職することだけが「働く」ではないですよね。社会に委ねる一方ではなく、自分の生活を形作っていく中での「働く」をもう一度考えてみませんか、と提案できるのです。

いちいち問い直す――これは人文知の大きな意義だと思いました。働くとは何か。動くとは何か。肢体自由の人にとっての「動く」と、半身不随の人にとっての「動く」は全く違うし、聴覚過敏の人にとっての「聞く」はそうでない人とは全然違う。いちいち問い直さなくてはできない仕事だったからこそ、ぼくは楽しめているのだと思いますし、それがぼくの考える研究にとても近しいところにある。

磯野　ビジネスマナーをつけて履歴書を上手に書けるようになるというのは、たとえると高速道路をこんなに早く走れますよ、と宣言するようなことですよね。一方、「高速道路を一定のペースで走る能力って一体何なのか？」と問いかけるのが人文学です。そんなこと問うても仕方ないという人もいるけれど、こういう本質的なところこそが生きる上では大事なんです。本当は高速道路の上を一定のペースで走れる人なんて、ごく一部。多くの人は、ギリギリ走れるフリをして、死に物狂いで頑張っているだけです。そんなスーパーカーにならなくてもいいんじゃない？　自分の価値を問い直し、どこなら走れるのかを考えてみよう、という視座を与えてくれるのは、人文知の特徴だと思います。

医療関係の中にも、人文知のこのような特徴に注目してくださっている方がいます。医療人類学を学んだからといって、何かが即座に解決するわけではないし、悩みがいっそう深くなることもあるかもしれない。でも直面している問題自体を言語化するという知恵が活きることは確かにある。青木さんは、それをご自分で実践されているのでしょうね。

青木　気づいたら自然とやっていました。おっしゃるように、「働く」を問い直したからといって、その人自身がガラッと変わることはほとんどありません。でも支援者である職員が、楽しく支援できるようにはなる。そこは大きいと思います。職員が仕事をつまらなそうにやっているような社会に、誰も出ていこうとは思いませんよね。

磯野　みんなを、高速をぶっ飛ばせる車に改造しようとすると、支援者側も死ぬんでしょうね、きっと。

青木　福祉職でお金儲けが得意な人は少ないですからね。でもこの現代社会では、お金を稼ぐ能力とコミュニケーション能力が過剰に求められています。みんながみんな、フェラーリのエンジンを積んでいないといけないような道が敷かれている。実際には、ほとんどの人が軽自動車なのに（笑）。周りがフェラーリやポルシェだらけに見えるだけに、自分からは「軽でいいじゃん」とは、なかなかいい出せない。

でもみんなで問い直しをしていると、「ああ、あなたも軽だよね？　軽でいいよね！」みたいな感じになる（笑）。それがぼくにはすごく大きい。研究は、みんなでやると場が楽しくなります。楽しくなれば、生きやすさにもつながる。研究にはもちろん、真理を追求するという大きな目的もあります。でもそこまで深く突き詰めずに、みんなで話し合い、実践しながら「わかった！」「そうかそうか」という瞬間を味わうほうがぼくにはしっくりくる。

磯野　それが青木さんの言う「土着」や「生活」なんですね。整えられた環境から抜け出て、そこにしかない場を立ち上げること——それが、人が土着的に生活をするということなのかな。

フェラーリのフリ、してませんか？

磯野　あるときお話しした企業の方は、突然襲われる偏頭痛に悩んでいるけれど、それを社内で知られると仕事をもらえなくなってしまう、具合が悪いと信用されなくなるとおっしゃっていました。具合の悪さを出すことが、実際に不利益になるんですね。だからますます高速道路を走れるフリをせざるを得なくなる。

青木　ぼくの事業所のある利用者さんは、システム系の会社でバリバリ働いていましたが、うつ病になって退職を余儀なくされた。もう一度働こうと就労支援を受けに来られたのですが、やっぱりかつての就職活動を思い浮かべていらっしゃる。自分はここまで無理ができます、とアピールするのがいわゆる普通の就職活動ですが、障害者雇用の場合に重要なのは、自分は何ができないかを伝えられるかどうかです。「自分は一日六時間以上働くとしんどくなってしまうけれど、休憩をとりながらであれば安定して働くことができます」といった具合に、自分の限界と、その上でどう会社に貢献できるかを正直に話すのがコツです。

磯野 そういうことを打ち明けるのは、勇気がいるでしょうね。

青木 そうなんです。でも、それを伝えることに勇気がいること自体、社会のあり方が不健全だからだと思います。

磯野 スピードを上げて高速道路を走り、最速で到着する前提でスケジュールが組まれていると、お腹も頭も痛くなんかなれない。

青木 ロキソニンやエナジードリンクを飲むしかありませんよね。走っている間に分解しかねないのに。

磯野 そのせいなのかもしれませんが、アカデミアって、知っているフリをする人が多いですよね。

青木 確かに(笑)。ぼくがこの図書館を開くとき一番怖かったのは、自分が読んだ本を並べて人に見られるようにするということでした。読んだ本があるということは、読んでいない本がバレてしまうということで、これは研究者にとっては恐怖なんです。そこを乗り越えて、弱さの自己開示をしたことも転機になりました。

磯野 それだって、みんな実はフリをしているんですよ。そんなにたくさんの本を読む時間があるはずないのに、絶対に軽自動車に見えてはならない！ と、高速道路を走っているフリをしている。青木さんはそこから降りたということですね。

資本主義に基づく貨幣経済下で生きていく以上、都市にいたほうが有利なことは確かで、その結果、みんなが高速道路を走らなきゃいけなくなってしまった。もちろんそこで勝てる人、F1選手もいるわけで、だからこそみんなもそうなれるんだという啓発本が売れることになる。でも、そこへの問い直しは世界的に始まっている気がします。都市設計自体を変えようという話もありますし、今は転換期にあるのでしょう。

青木 ぼくらも、街が嫌いというわけではなくて、ときどき都会に出て買い物したり、人に会ったりするのは楽しいし、それくらいがちょうどいいなと思う。それぞれが自分にとっての「ちょうどいい」感じを選べればいいと思います。

磯野 『方丈記』を書いた鴨長明は、京都の中心から少し離れたところに一人で暮らしていたといいます。でもだからといって都市が嫌いだったわけではない。彼なりの距離感をとっていたのだと思います。そういう都市との距離感を各自が見出していけると、楽になれそうですね。

青木　本当にそうですね。鴨長明は平安末期から鎌倉初期を生きた人で、その時代に自分で住む場所を選べたことはかなり稀なことだと思います。中世は土地ベースの社会です。与えられた土地で働くことによって、その人が生きていると認められる社会。鴨長明はそこを飛び越えて、「土地がなくたって生きていけるよね、自分が生きることと土地は別個だよね」と言えちゃった人。

磯野　人文知的な視点を持っていた人ですね。

青木　歌詠みでもあったから、今でいうロックミュージシャンのような人だったのかも。めちゃくちゃ変な人ですが、それでいいじゃん、と。現在は中世とは違って身分制度もないはずで、住む場所も自由に選べるはずなのに都市に集中してしまう。都市一極集中型の今のぼくらの暮らし方を、鴨長明が見たらどう思うでしょうね。

磯野　今なら、やっぱりテクノロジーをうまく活用できるといいですよね。鍵だと思うんですよ、テクノロジーの使い方って。

「街のおいしい洋食屋さん」を目指したい

青木　それを聞いて思い出しました。もう一つ、磯野さんにお聞きしたかったことがあります。先ほど、対面でなくても学びや楽しい雰囲気を共有できる場はできるとおっしゃっていましたが、ぼくも今後、そういう場をつくっていけたらと思っています。磯野さんがFILTRでやっているオンライン講座では、対面の学びと同様のものを求めているのか、それとも違った学びを想定しているのか。そのあたりお聞かせいただけますか。

磯野　私が目指している学問のスタンスは、「街のおいしい洋食屋さん」なんです。アカデミアの人って、知らず知らずのうちにみんなが「ミシュランの三つ星レストラン」になろうとする側面があると思うんです。一流の場で発表し、有名な学会誌に論文が掲載されることが、きちんとした学者の証というか。もちろん、三つ星レストランは大事です。でもみんながならなくてもいいし、三つ星以外をバカにする必要もないと思う。

街の洋食屋さんだって、いろいろ工夫をしています。制約の多い中、誰もが手の出せる値段で、その日が楽しい気持ちで終われるようなお料理を提供している。私はそういうお店が好きだし、自分の人類学もそういうものでありたいとずっと思っていた。でも「大学」という場では、制度の縛りもきつく、街の洋食屋が評価されにくい。そこで私は大学を出たとき、オンラインに学問の場をつくろうと思いました。入学金を何十万円も払ったり、キャンパスに通ったりしなくても、「今日はちょっとおいしいランチ食べに行きたいな」くらいの気軽な気持ちで参加できる場がほしかったのです。

やってみたら、オンラインでも「土着」の空間は立ち上がると感じました。受講者の居住地は北海道から沖縄、さらには海外の方もいて、職業も大学生から医療系、教員、会社員までと幅広く、とても可能性を感じる時間になりました。皆さん、「一度オフラインで会いたい」とおっしゃっています。それはオンラインの空間がよかった証拠ですよね。そこにそれなりの学びと意味があったからこそ、空間を共有した人たちとリアルで会いたいと思ってくださっている。

デジタル変換されるものに依存した方法なので、何らかの理由で機器が使えないとか、画面を見る余裕がないほど体調が悪いといった方には難しい面もあるかもしれない。でも学びの場としては、参加者の関心と提供者の工夫がうまく合致すれば、問題なく空間を作ることができる。身体と身体が同じ場にあることの大切さはわかる一方で、そこに固執する必要もないのかなと思いますね。

青木　ぼくらもこのオンライントークイベントを半年間やってきて、全国の参加者と交流ができました。親御さんの介護があるので家から出るのが難しいけれど、オンラインだから参加できたといってくださった方もあり、ハードルは低くなると感じました。教室での講義の場合、空間の広がりがありますが、オンラインでは全員が同じ距離にいる感じになります。そこはどうですか？

磯野　確かに全員の表情が平等によく見えますね。頷いてくれている人は当てやすいし、ずっと下を向いている人に聞いてみたくなったりと、オンラインの奥行きのなさを利用してランダムに当てまくっています（笑）。始めて四か月ほどですが、学ぶことがすごく多くて、大学で教えていたときよりも今のほうが楽しいですね。当然ですが、皆さん単位を取る目的ではいらしていませんから。

青木　いやぁ、それは大きいですよね。

磯野　内容を学びたくて参加されている。お仕事で忙しい中、わざわざ時間を作って受講するという皆さんの意欲自体が、非対面のマイナス面を補ってくれていると強く感じます。青木さんはオンラインで古代ローマ史の講座、やらないんですか？

青木　フェニキア人の話なんて、聞きたい人いますかね？

磯野　私は聞きたいですよ。聞いたこともない古代のフェニキア人のことを知る中で、人間の普遍性が見えてくるのが人文学のおもしろさですから。

青木　確かにそうですね。ニッチな学問を東吉野村のような辺境の土地でやっても人は来ませんが、全国から参加できるオンラインでやるのは、おもしろいかもしれません。

磯野 今日お話を聞いていたら、いわゆる論文を書くという形の研究じゃなくても、普段の実践の中に人文知を織り込んでいくことは可能だし、本質を捉え直すこと自体を研究の営みと呼んでいいんだとすごく思えました。

青木 ぼくは今、まさにそれを研究と呼んでいます。日常会話で「そもそも働くってどういうことなのかな」なんて話題は出しにくい。でも「研究会」のような場をセッティングしてみると、いつもの仲間ともテーマを持った会話はできる。その業種で日常的に使っている言葉、ぼくらなら「アセスメント」[*29]のような単語が、人によって微妙に使い方が違っていて現場で困ることってありますよね。そういうとき、「この言葉、みんなはどんな意味でどういう場合に使っている？」とすり合わせる、共有することも人文知の役目ではないかと思うのです。

磯野 ふんわりわかったような気になっている言葉を、問い直すのですね。

青木 「アセスメント」や「エンパワーメント」[*30]など、カタカナ言葉は響きがカッコ良くて、

＊29　対象を客観的に調査、評価すること。個人の能力や性質に合った役割を与えるために、人材を事前に評価する、環境への影響やダメージを洗い出し、被害を最小限に抑える、介護・福祉・保育現場で利用者が必要としている支援やサービスを図るといった意味でも用いられる。

よくわからないまま、つい使っちゃいますからね。

磯野　「レジリエンス」[*31]とかね。ありとあらゆるところで出てきますからね、今。これもレジリエンスか！　と驚くことがよくあります。

青木　自分で分析してわかった、というところにとどまらず、それを共有するところまでを「研究」に含められたらいいなと。ぜひみんなで楽しく研究していきましょう。

＊30　権限を与えること。そこから発展し、よりよい社会や組織を築くために、責任や裁量を分散させ、自発的な行動を促そうとする考え方の意味でも使われる。

＊31　弾力、復元力。病気からの回復力。

対話6

ぼくらの Vita Activa
マルクス・アーレント・網野善彦

百木漠×青木真兵

二〇二〇年十一月八日収録

青木　ぼくは古代地中海史を研究していますが、論文を書くだけが研究じゃない、もっと「研究」を幅広く捉えるのが自分には合っていると思い、東吉野村に研究拠点としてのルチャ・リブロを作りました。先日初めて百木さんとお話ししたとき、重要なキーワードとして浮かび上がってきたのが、ハンナ・アーレントが唱えた「活動的生　Vita Activa」でした。百木さんとのお話をヒントに、内田樹編『ポストコロナ期を生きるきみたちへ』（晶文社）に「楽しい生活　僕らのVita Activa」という文章を書きました。

いかに楽しく日々を生活できるか。そこからすべてを考えていくことが今、重要ではないかと思うのです。そう考えると、マルクスやアーレントなど、西洋の思想家の思想は一見きらびやかで理想的に見えますが、ぼくたち日本人が実践するには、もう少し身の丈に合わせていく必要がありそうです。鍵になるのは、網野善彦だ――そういう話になったんですよね。

網野善彦は七〇～八〇年代に一世を風靡した日本中世史の研究者であり、彼が『無縁・公界・楽――日本中世の自由と平和』（平凡社ライブラリー）で展開したのがアジール論です。古代から中世には、時の権力から自由になれる場所＝アジールが世界中にあって、日本では縁切寺や市場、山林がアジールとして機能していた。この網野の思想をベースにマルクスとアーレントの思想を混ぜていったら、これからの社会でぼくらが楽しく生きていくために非常に重要なものになっていくのではないかと思います。

彼岸の図書館は現代のアジールだ

百木　前回はマルクスとアーレントを中心とした労働の話が主でしたが、最後に網野善彦の話ですごく盛り上がってしまって。それで今回に至ったんですよね。ぼくも『彼岸の図書館』には大いに刺激を受けましたが、吉野というのはもともとがおもしろい土地なんですよね。ルチャ・リブロの目の前には天誅組の史跡もあるそうで。

青木　吉村虎太郎にしろニホンオオカミにしろ、東吉野村はとにかく終焉の土地なんですよ(笑)。東吉野は別名、深吉野《みよしの》。ディープ吉野なのです。

百木　網野善彦の『異形の王権』(平凡社ライブラリー)でも取り上げられているのですが、後醍醐天皇が南北朝時代、北朝の京都に対して勝手に「我こそが正当な天皇である」と宣言し、異形の人たちを侍らせて王権を作ったのも吉野でした。あのあたりには、落ち延びてきた人や修行僧が多い。青木さんはそういうディープ吉野に引っ越して、大学中心のアカデミアとは違う仕方で人文知をひらこうとしている。それがすごくおもしろい。図書館の前に流れる川が境界になっているんですよね。

青木　川は彼岸と此岸の境界の象徴でもあります。中世日本では地縁・血縁が社会のすべてだったからこそ、その縁が切れる場所としてのアジールが必要だった。でも今の都市部では、みんながすでに無縁ですよね。縁が断絶されていて、アトム化した個人が散らばっている。そう考えると、現代社会におけるアジールは適度に有縁というか、縁を取り戻せる場所であるべきなのではないかと。社会自体が無縁の今だからこそ、縁を取り戻せる場所をつくりたい。その意味で、代金を払うことで関係が解消してしまう書店ではなく、借りた本を返しに来なくてはならない図書館のほうがしっくりくるのです。

百木　いい関係ですね。ナタリー・サルトゥー＝ラジュの『借りの哲学』（太田出版）を連想しました。初めて『彼岸の図書館』を読んだとき、これはアジールの話だな、と思ったんですよ。都会で働いて給料を稼いで物を消費するというのとは違う、境界をまたいで空間を移動しながら生活していくスタイル。東吉野村という土地自体にも、アジール的な要素がありますし。

アジールとはもともと中世ヨーロッパにたくさんあった、統治権力から逃れて自由になれる場のことです。社会は基本的には有縁によって回っていますが、例外的に国家権力や警察権力、商売の取り立てのようなものが及ばない聖なる境界が存在していた。しかし今ではそうした場所はどんどんなくなっています。例えば大学です。大学はかつてアジールといわれていました。警察が入ってこられない自治空間として、国家権力や市場圧力から独立した、自由な学問空間をつくるんだという気概があった。京都大学などはその典型だったのですが、ここ数年で急速にアジール感を失い、資本主義論理に取り込まれていっています。卒業生としては悲しい限りで、だからこそ青木さんが山奥に資本主義論理とは違う自分の場所を作り、本当の意味での「縁」を取り戻す学問空間を目指しているのは意義深いことだと思います。

青木 二〇世紀には資本主義と社会主義が対立しましたが、もはやそれさえも非現実的になった今、自分の生活の中に資本主義的な部分（此岸）とそうじゃない部分（彼岸）の両方を持つことが大事ではないかと思います。放っておけば生活のすべては資本主義に飲み込まれてしまいます。あらゆるものが数値化され、数値が高い順に序列化され、お金の配分が決まっていく。社会がそういう仕組みで回っている以上、そこに自分なりのペースでかかわりつつも、数値化されない、資本主義とは違う部分も持っておきたい。

百木 そこにも非常に共感しました。田舎でのスローライフ的な自給自足生活や自然の中でのロハス的な暮らしって、ちょっとハードル高そうですよね。でも青木さんのように、生活を成り立たせるために町に出て働きながらも、資本主義の論理から切れた場所もつくっていくという考え方、資本主義の内側と外側の両方にまたがった活動をしていくというスタイルはしっくりきました。

資本主義の外に出る

青木　前回、百木さんとお話する前に対談したのが、マルキストの斎藤幸平さんでした。斎藤さんは『ポストコロナ期を生きるきみたちへ』にも寄稿されているのですが、そのエッセイが「SDGsは大衆のアヘンである」というパンチラインから始まるんですよ。ぼくはそれはちょっと言いすぎじゃないかと思っていて。SDGsを掲げつつじわじわいい社会をつくっていけたら、ぐらいのスタンスなんですよね。

百木　社会主義体制が崩れて冷戦が終結し、大学でもマルクス系の科目がどんどん減る中で、斎藤幸平さんは真正面からマルクス研究に取り組み、気候変動との関連を見事に説き起こして、魅力的で若々しい「二一世紀のマルクス」として蘇らせていますよね。『人新世の「資本論」』（集英社新書）でもその手つきは鮮やかだし、世界の最前線で起きていることと、最新のマルクス研究の成果が結び合わさっているからめちゃくちゃおもしろい。「脱成長」や「ポストキャピタリズム」というキーワードも、彼の影響で広まりつつある。すごいことです。しかも、この本はビジネスマンにも非常に読まれているというのですが、みんな会社で働きながら、どういう気持ちで「脱成長・脱資本主義」の話を読んでいるのか、少し不思議な気分になるくらいです。

うか。

青木 ビジネスの最前線にいる人ほど、経済成長の限界を感じているということなのでしょうね。斎藤さんの最大の特徴は、「資本主義はダメだ」と断言しているところにあると思います。普通は「そうはいっても資本主義をやめるのは無理だよね」となり、「経済成長をしながら環境問題や気候変動問題とどう釣り合いをとっていくか」を考えるのですが、斎藤さんの場合は、諸悪の根源をはっきり資本主義そのものに見出している。資本主義を続けている限り、気候変動問題は決して解決しない、と。成長主義のキャピタリズムから、脱成長コミュニズムへの移行が必要だといい切っているのです。

百木 此岸と彼岸を往復するなんていう、中途半端なことじゃダメだ！ と（笑）。

青木 こういう議論が二一世紀に登場してきたのはすごく刺激的でした。

百木 現代は、デヴィッド・グレーバーが「ブルシット・ジョブ」と表現したような、なくてもいい仕事をする人が高い給料をもらう社会であり、自分が何のために働いているのかがわからなくなる社会だと思います。まさにマルクスがいった「疎外」の状態にぼくらはある。そこが問題だと思うのです。お金と結びつく資本主義的な労働が社会には必要なことを認めつつも、お金にならない感性の存在も認め、きちんと守っていくことで、資本主義を健全化させていきたい。「労働」と「感性」の両方が切っても切れない関係にあるというのが、「楽しい生活」を送るための条件なのではないでしょうか。
百木　ぼくがマルクスで一番重要だと思うのは、資本主義の「外」を考えているということです。たいていの経済学者は、基本的に資本主義の仕組みを前提とした上で、それを最もよい形に持っていくためにはどうするか、資本主義ゲーム内での最適解を求めようとします。しかしマルキストである斎藤さんは、そうではありません。資本主義というゲーム自体が間違っているのだといい切ります。このゲームをやっている以上、今の社会問題は解決できないのだから、このゲームの外に出て別のゲームを始めることが重要だといっている。これはまさにマルクス思想の核心だと思いますが、そうした発想が冷戦終結以降、失われていたんですよね。斎藤さんと青木さんで度合いは違いますが、資本主義の外にいったん出る必要があるという発想自体は共通していると思います。

コモンとしての「山」

青木　資本主義ゲームから出る先として、日本では「山」がポイントになる気がしています。ぼくは群馬県と東京を行ったり来たりしながら思索を深めている哲学者の内山節[*32]さんを、都市と山村を往復する先達と勝手に捉えているのですが、彼がこんな話を書いています。一九五〇年代ごろまでは、借金を返せず里で暮らせなくなった人は、二、三年山に入って生活していると、借金が帳消しになったというのです。これだけ聞くとまるでユートピアですが、ここには現代が失ったものが二つあります。

一つは、そもそも山に入って生きていける能力が、かつての人びとにはあったということです。今、ぼくも含め昼食をコンビニで買う人は多いですが、これは昼食を作るという作業と時間を外部化していることに他なりません。資本主義社会は、そのようにあらゆる仕事を外部化していくので、自分の中から生活スキルがどんどん失われていく。一方、当時の人たちは山の中でも生きていける能力を持っていた。

もう一つは、山自体が豊かだったということ。例えば東吉野村では、孫の世代に残そうと高度成長期にたくさんの杉を植えましたが、国産材が暴落した現在では、杉を切るほうがお金がかかってしまうので放ったらかしになっている。今とかつてでは状況が全く違います。でも、そうしたアジールとしての山のポテンシャルは、やっぱり取り戻したいと思うんです。

百木　マルクスが『資本論』で理論化したように、社会が資本主義化するというのは、生活のあらゆることが貨幣と商品の関係に置き換えられ、その中に取り込まれるということです。「経済」とは本来、生活に必要なモノやサービスを生産・分配・消費する営み全体を指します。畑を耕して野菜を作り、自分で食べて、余れば他人と交換して別のものを手に入れる。

これも広い意味では経済行為です。でも現代では、経済＝お金に関することと理解されてしまっているし、すべてが貨幣―商品交換に取り込まれてしまっている。便利で効率的ですが、それだけになっていくと息苦しい。教育や研究の現場で今起きているのも、そういうことです。学問すら貨幣―商品の関係に取り込まれ、どんどん視界が狭くなってきている。

今こそ貨幣―商品関係から脱して、山や水や電気といったみんなの生活にかかわる物資やサービスは「コモン」として民主的に管理していくべきではないか。それこそが二一世紀におけるコミュニズムのあり方なんだ、と斎藤さんは主張していますね。マルキシズムというと、どうしてもかつての社会主義国家のイデオロギーを連想してしまいますが、国家や政府がすべてを計画・管理するのではなく、山や水、電気などはみんなで共同管理し、賃金関係に落とし込まないようにするのが大事だという主張は説得的ですよね。

青木　そうですね。近代化とは、コモン（共有地）を解体し、商品化する過程だったといえますが、そのコモンをもう一度取り戻すのだという。

百木　マルクスが若き日に『ライン新聞』に書いた木材窃盗取締法を批判する記事も、コモ

＊32　内山節（一九五〇〜）哲学者。一九七〇年代から東京と群馬県上野村との二拠点生活をしながら、存在論、労働論、時間論、自然哲学について在野で独自の思想を展開している。『新・幸福論　「近現代」の次に来るもの』（新潮新書）、『日本人はなぜキツネにだまされなくなったのか』（講談社現代新書）、『戦争という仕事』（信濃毎日新聞社）、『文明の災禍』（新潮新書）など。

ンの重要性を説くものだったと理解できます。ドイツには山は共有地であり、誰でもある程度自由に薪（木材）を取っていいという慣習があったのですが、あるとき勝手に薪を取ってはいけないという法律ができた。コモンズである山に国家や市場のルールを押しつけるのはおかしいと反対する新聞記事を書いたのが、マルクスの出発点なのです。

青木　山がコモンズだという感覚が日本にもあったことが、柳田國男の『都市と農村』を読むと、よくわかります。都市が人間が頭の中で設計してつくったものであるのに対し、農村は自然の中に人間が住める場所を見つけて住まわせてもらったという、成り立ちが大きく違うんですね。

過剰な欲望とのつきあい方

百木　欲望の問題も、「脱成長・脱資本主義」を考える上ですごく大きいと思います。マルクスは資本主義を「無限に価値増殖していく運動」と定義しました。そこには現状の豊かさで満足して暮らしていこうという発想はありません。常に成長をし続けなくてはいけない、それがキャピタル（資本）の宿命なのです。近代以降、資本主義が世界中に波及してきたのは、人間の欲望の無限さにマッチしてきたからなのでしょう。資本の成長に合わせて、人間の消費欲望も際限なく拡張してきた。

脱成長コミュニズムには、そうした人間の欲望をどう制御できるのかという問題がありま す。斎藤幸平さんは「ラディカルな潤沢さ」という表現を用いますね。資本主義とは異なる豊かさ＝「潤沢さ」があることには大いに賛同します。しかし、「脱成長コミュニズム」へ向かうならば、現在のような物質的な豊かさや利便性を諦める必要があるということもはっきりいわないといけないでしょう。例えば、ネットで注文した商品が翌日に届いたり、コンビニが二四時間開いていたり、ファストフードやファストファッションを楽しんだり、といった便利さは諦める必要が出てくる。そうした資本主義的欲望を現代人が断ち切るのは容易なことではない。単に清貧的な脱成長論はこれまでも数多くあって、度々批判されてきた。それを乗り越えられるかどうかがポイントになると思います。

一つの方法として、欲望の方向性や質を、物質的・消費的なものから文化的・学問的なほうに転換していくということを考えられないか。たとえばぼくの場合、アーレントやマルクスの本を繰り返し読み直すだけで、無限に論文が書けるわけです（笑）。より高い給料のために長時間残業するよりも、ゆっくり本を読んだりたくさん映画を見たりする余暇のほうが欲しい。そういうふうに、文化的・学問的な豊かさへ欲望の方向性を向けていくことによって、資本主義とは違う「潤沢さ」を広げていけるのではないか。

青木　山村に住み始めてつくづく思うのですが、山って静謐な場ではないんですよね。はっきりいって、闘いです。雑草は伸びるし、斜面は崩落してくるし、川の水は増えるし。

百木　ぼくも実家が生駒の山奥にあるのでわかるのですが、自然の中で暮らしていると、草取りは常にしていなくてはいけないし、大雨のあとは道を舗装しないといけないし、イノシシ対策も必要だし、やることが無限にありますよね。

青木　そうなんですよ、それが大変で。山に住んでいると、自分は全く自由じゃない、という感覚が生まれてきます。ぼくも二〇代のころは、自分のためだけにお金や労力を使いたいし、研究業績を上げたいし、好きなことだけをやりたいと思っていました。でもだんだん、社会のいろんなことにもう少し目配せしていかなくては、それができなくなると気づくようになった。自分の生活を保つには、社会全体を維持していく必要があるからです。

欲望が暴走するのは、語弊があるいい方かもしれませんが、自由が各人に委ねられすぎているからかもしれません。かといって、じゃあ上から役割を与えてやろう、という話になると全体主義になってしまう。でも欲望の暴走に悩んでいるとしたら、そこに制限を加えることは選択肢として有りだと思います。好きなものを何でも買えるとなると、自分が好きなものは何だろう、探さなきゃ、と無制限の追求が始まる。でも不便な山の中に住んでいると制限があるせいか、生活がすごく具体的になってくる。いい草刈り機が欲しくなるし、冬は灯油を消費するからこれぐらいの稼ぎはないと、とか。生活を具体的にしていくことで欲望はかなり抑えられるし、つきあい方がうまくなっていくように感じます。

百木　今青木さんが言われたことは、マルクスが言う「使用価値の見直し」だと思います。これも斎藤さんが強調されていることです。マルクスは、商品には「価値」と「使用価値」の二つがあると指摘した。モノの価値とは、簡単にいえば、それがいくらで売れるかという貨幣価値のことです。一方、使用価値とは、そのモノの用途のこと。資本主義は価値に重心を置きすぎるゆえに、使用価値的には満ち足りていても、もっともっと欲しいと際限なく暴走してしまう。（貨幣）価値を追い求めるのをやめて、使用価値を見直すというのも、一つのやり方ではないか、というのが斎藤さんの提案です。

青木　東吉野村で暮らすには、車は絶対必要だし、通販は絶対的に便利です。たまには外食もしたい。そういう部分とバランスを取りながら、自分の生活をどう快適に送るかを考えていくと、使用価値にフォーカスできるのかな。

百木　ぼくが好きなジョルジュ・バタイユは、人間を常に過剰を抱えた生き物だといっています。自然に充足して生きるということがなく、どうしてもプラスαのものを求めてしまうし、「過剰なもの」をつくり出してしまう。その性質は古代から現代まで変わらないけれど、その処理の仕方が時代や社会によって違うのだと（『呪われた部分─普遍経済論の試み』）。

その過剰さは、古代では戦争や供犠に向かい、中世ではキリスト教（巨大な教会の建築など）に向かい、近代では資本主義的増殖に向かったとバタイユはいいます。つまり、「過剰」の向かう先は、貨幣や商品に限らず、戦争や宗教や文化など、多様なものでありうるということです。資本主義が世界に本格的に広がったのは、産業革命以降、ここ二五〇年程度、日本では明治維新以降の一五〇年程度のことです。人間の数万年の歴史から見れば、ごく最近の仕組みでしかない。経済成長をし続けなくては社会保障や生活が回らないとぼくらは思っているけれど、実はそうじゃない方法でやってきた時代のほうがずっと長かった。網野善彦が描いた中世はその一例です。今の時代、いきなり資本主義をやめるのは難しくても、過剰さを別の文化的・学問的豊かさを含めた別の方向に向けていき、少しずつ別の仕組みにシフトしていくことはできるんじゃないでしょうか。

境界に生きる人びと

百木　青木さんとは、網野善彦の『日本中世に何が起きたか――都市と宗教と「資本主義」』（角川ソフィア文庫）の話でも、盛り上がりましたね。その中の「境界に生きる人びと」という講演を元にした短い文章で、境界領域の重要性が指摘されています。聖と俗の境界、都市と田舎、人が住んでいる地域と自然の境界領域は、「無所有」の場として畏敬の念を抱かれていたと。そしてそういうところに市場《いちば》が立ったのだと。

「無所有」は斎藤さんのいう「コモン」につながる概念だと思います。マルクスはその初期から一貫して私的所有批判をテーゼとしてきました。誰かが私的に所有できないパブリックなもの、その典型が山ですよね。網野は富士山を例にあげながら「無所有」の概念を説明しています。柳田国男も、山の中で遊動的な生活を送る「山人」の存在を強調していました。

青木 でもよく読むと、切り出した木からお椀を作る木地師や獲物を狩る猟師などは、得たモノを山の中だけで消費するのではなく、街に降りて交換したりもしていた。山に住む人も山だけで生きていたわけじゃないし、都市の人も、定期的にやってきて都市にはないモノを持ってきてくれるからこそ、かれらに価値を見出していた。山の人は一種の異人というか、エトランジェのような存在だった。街の原理と山の原理など、二つの原理を併せ持つ社会のあり方は、すごく健全だと思います。

百木 そうですね。網野も境界領域を移り歩く人がいたことを強調しています。芸能民や特殊能力を持った職人、遊女といった、日常の場にはいない、向こう側からやってきては去っていく人たちが、中世には豊かにいたのだと。そうした人びとの存在が生き生きと伝わってくるところが、網野作品の魅力の一つですよね。

青木　鎌倉時代に入って、そういう人たちが政治権力に抑えつけられるようになるに従って、鎌倉新仏教が生まれてきたというのもおもしろいです。

百木　鎌倉時代に日本的霊性がさまざまな形で花開いたと書いたのは鈴木大拙ですが、網野も一遍上人の事例をあげていますね。乞食のような格好で各地を歩きながら教えを広めた一遍上人は、国家権力に取り込まれもしないけれど、完全に聖の側にいるのとも違う、聖から俗に降りてきたような存在だった。そうした境界的な人が活躍していたんですね。

青木　境界的な人は本当にたくさんいたみたいですね。俗界も聖界も、それぞれが権力を持っていた時代には、その境界を「行ったり来たり」する人びとが存在していた。

百木　江戸時代になると、身分もはっきり分けられて中央集権的な体制が出来上がり、境界の人は完全に「非人」として差別されるだけの人になってしまいましたが、中世の「非人」にもっと多義的な存在であったことを網野は強調しています。忌避される側面もありつつ、異界からやってきた特殊能力人として畏敬の念を持たれる両義的な存在だったのだと。

行ったり来たりで中和する

百木　網野の『日本中世に何が起きたか』でもう一つおもしろいのは、中世日本ではすでに貨幣経済がかなり発達していたと指摘していることですね。当時貨幣経済を担っていたのも、職能民や芸能民といった境界領域を浮遊している異人たちであり、それが日本の資本主義の起源になったのではないかという仮説を網野は立てている。中世にはすでに貨幣経済が浸透していて商品の交換は行われていたけれど、現在のような資本主義にまでは至っていない。微妙な中間段階にあった。ここに、ぼくたちが資本主義の外に出るヒントがあるのではないか。

斎藤幸平さんらマルキストは資本主義をきっぱりやめるべきだと宣言します。貨幣を介した商品の交換自体に問題の根源があり、それをアソシエーションで乗り越えようというのがマルクスの理念なのだと。でも、それだけが本当に資本主義を乗り越える解なのか、と考えてしまうところもあるんですね。それよりも、資本主義とは異なる市場経済のあり方を考えることはできないか。そのヒントが、網野善彦の描いた中世の社会にあるのではないか。商取引を活発に行いつつも、それが資本の自己増殖運動に取り込まれないように、共同体原理や宗教的原理によって規制をかける。晩期マルクスが古代ゲルマン共同体に着目したように、われわれも日本の前近代的共同体を見直すべきです。

青木 中世で流通していた貨幣って、日本銀行への信用によって紙切れに価値が与えられる現代の貨幣とはずいぶん違いますよね。お米や絹といったモノも貨幣として使われていた。今後、そうした貨幣流通制度を地域内で実験していくことも、一つの解につながるかもしれません。

　とはいえ、中世社会を理想化しているわけではありません。当時の境界的な人びとには生活の保証は何一つなかった。かなりリスキーな存在だったと思います。もう少し保証もありつつ境界を行き来できるような隙間を、みんなで作っていけたらいいですよね。

百木　境界的な人びとは差別の対象にもなりやすかったはずなので、安易に理想化するだけではダメですね。青木さんの活動は、市場＝貨幣経済とそれに支配されない生活の領域を行ったり来たりすることで、資本主義を緩和する実践をされているんじゃないでしょうか。その領域横断的なやり方が網野っぽいなと思ったんですよね。

青木　近代資本主義にはもともと、中央と周縁を設定し、中央が周縁から資源を搾取するという構図がありました。この社会経済システムの元、国民と国境がきちっと決まっていく近代国家が出来上がります。すると境界的な人びとは、住所不定では許されなくなってくる。奇異の目で見られたり、差別の対象になってきた。でも今はＳＮＳがあって、東京を経由せずとも全国どこからでも情報発信ができる世の中です。インターネットインフラさえあれば、境界の人たちの存在も堂々と発言できるようになってきているのではないでしょうか。

　とはいえ、生と死、健常と障害、中心と周縁、都市と農村など、あらゆる物事を二つに分けるのは人間の考え方の基本で、その区別自体を取っ払えばいいかといえば、そうではないと思います。障害者の方の就労支援に携わる中で思うのは、職員と利用者という関係が前提にあることは、制度を用いている以上仕方がありません。両者の関係自体を否定するのではなく、その関係を固定化しないこと。混ざり合ったり、また分かれたりと、その時々で変化させる。境界的な人たちも、常に境界にいるわけではない。常に入れ替わる可能性がある社会のほうが健全だし、リアルだと思います。

百木　人間社会の仕組みとして、ある程度分けなくてはいけないのは確かですが、網野はそのどちらかではなく間の部分を描いているのがおもしろいですよね。これがアーレントになると、公的領域と私的領域をパキッと分けてしまい、そこに中間領域はありません。「間」がキーワードになるのは、日本人ならではですよね。白か黒かをはっきり分けるのではなく、その間にある曖昧な領域を生きることに良くも悪くも長けている。

今回、網野善彦の話を持ちだしたのも、マルクスやアーレントといった西洋のやり方を日本にそのまま持ってきても、うまくいかないところがあるのではないかと感じたからです。日本には日本なりの資本主義の乗り越え方、緩和の仕方があるのではないか。自然と人間の間の領域で曖昧に、でもうまい塩梅でバランスをとってきた歴史がありますから。今なら病気と判定されて施設に入れられるか、仕事を得られず野垂れ死んでしまうような境界民たちが、「異形の人びと」として忌避されたり敬遠されたりしながらも、漂泊的に生き、経済的役割を担ってきた歴史がある。しかし江戸時代に入って士農工商の身分制度が確立されると、そうした人びとが完全に蔑視と差別の対象になっていったというのが網野の見立てです。境界を生きる人びとはそうやって常に差別や迫害の対象になりうる危険と隣り合わせなわけですが、網野が描き出したような中世日本のアジール的な経済社会の良き部分を現代にも取り戻していくことができないか。

「寅さん」に見るアジール喪失の過程

青木 ぼくは今年、年明けから急に『男はつらいよ』シリーズを取り憑かれたように見ているのですが、一番衝撃を受けたのが、実は寅さんは真面目に働こうとしていたということでした。それまでは好きでフーテンをしていると思っていたんです。でも特に初期の作品を見ると、さくらのためにまじめな大人になろうと就職や結婚を試みたけど、どれもことごとく失敗していたという話だった。

百木 寅さんはまさに、網野的なものとつながっていますよね。異界からふらっとやってきて、市場的な営みをして、一悶着起こして帰っていく。浮遊する異形の人の現代版です。日本人は真面目で勤勉だと言われる一方で、ああいうキャラクターが国民的人気を博すというのは、おもしろいですよね。でも、その寅さんでさえ、定住して働きたいと思っていたということですか。

青木 そうなんですよ。でもどう考えても彼自身の欲望というより、社会的要請に従おうと頑張るけどできないのです。寅さんがそんな葛藤を抱えていたこと自体にショックを受けたし、不憫でならなかった。寅さんのような人がニコニコ生きられる社会ならいいのに、と。時は高度経済成長期、家庭を持つサラリーマンこそが真っ当な日本人の生き方だと誰もが思っている。「お前が真っ当じゃないから、『とらや』は柴又じゅうの笑いものになるんだ」と、数少ない親族みんなにもいわれて。網野的な「境界を生きる人」として存在していた寅さんですが、境界的な人生を送っているせいで、大きな葛藤を抱えさせられてしまっている。現代ならきっとADHDや多動と診断されて投薬され、社会から排除されてしまうでしょう。

百木 境界に生きる人をそんなに単純化してはいけないという好例ですよね。好き勝手に生きているように見えて、実は大変なことも多い。だからこそ「男はつらいよ」なんだと。

青木 そう。でも客観的には「さくらはつらいよ」にしか見えないんですけどね（笑）。寅さんがADHD的にうわーってなるのは、自分が思い描いている家族関係が伝わらないときなんですよね。彼はそれを「水臭いじゃないか」と表現していますが。

百木 「とらや」の家族も寅さんも、縁で結ばれていながらうまくかみ合わないから、お互いに大変で、その葛藤が独特のおかしみとなっているわけですね。

青木　障害者総合支援法ができた現在では、この手の葛藤はもう家庭だけの問題ではなく、社会の問題にもなりました。でも、寅さんに代表されるような「問題」や「ややこしさ」を社会に外部化したぼくらは、果たして幸せになったのか。かといって、家庭や親族といった血縁やご近所さんの温かい目という地縁の中だけで、全てを解決しようと思うのは現実的ではありません。

百木　そういう人が疎まれたり文句を言われたりしながらも、それなりに生きていける余地がある社会のほうがいいですよね。厄介ではありますが、おもしろいし、楽しい。自分の職業に引きつけていうと、大学院という場所は、そういう役割も担っていると思います。第一目的はもちろん高等研究をすることですが、その裏で就職できない人を一時的に受け止める機能を果たしていたりもする。

青木　たしかに、今の大学院にはそういう意義もありますよね。コミュニケーション能力だけが問われる現在の就職活動には、いかに頭脳明晰な人でも失敗することがありますから。

百木　寅さん的な人はアカデミックな競争でも勝ち残りにくいですよね。昔はそうして研究者になり損ねた人が予備校講師になり、受験と関係のないマルクスの話を授業でしたりしていた。それに感化された予備校生が大学に入ってからマルクスを学ぶ、みたいなことが結構あったのですが、今ではそういうケースもほとんどなくなってしまった。最近は予備校講師で食っていくのも厳しい時代になっていると聞きます。

青木 寅さんも、一九七〇年の時点で、道端で商売をしていると、警官に「ちょっと君、誰に許可を得ているんだ」と言われる場面が出てきて。それ以降は基本的には商売の場所が縁日、もしくは神社や寺の境内や参道になっている。境界的な場所が社会から消えていっているのがわかります。

百木 ああ、それも示唆的だなあ。網野は、日本の資本主義が生まれた場所は神社や寺だったというんですね。中世に先駆的に発展した金融・手形制度の舞台は神社仏閣であったと。寺に寄進されたお金の一部を貸したり、神社に収める初穂を集めた籾殻を利子つきで貸したりしていた。日本では、神社やお寺がある種のアジールだったのです。寅さんが最後に商売できたのが神社だったというのは、その系譜の末裔にある話だと思います。

神社仏閣における市場には、神に対する捧げものという発想があります。だから利息はとるけれど、そこにある理屈は現在とは違う。神様から貸してもらったのだから、少し多めに返さないといけないという感じなんですね。資本主義的な仕組みは発生しかけていつつも、そのように聖なるものを介在させることによって剰余価値の増殖が防げていた。寅さんには、そういう日本の伝統が戦後の経済成長によって掘り崩されていき、やがて資本主義に呑み込まれていった過程も、表れているのですね。

青木　本当に見どころが多いんですよ、寅さんは。これから資本主義の向こう側を考える際、寅さんや網野善彦の『無縁・公界・楽』を参考にすると、新しい視界が開けるのではないかと思っています。

百木　ぜひ青木さんによる寅さん論の展開を期待しています（笑）。

山村デモクラシーⅡ

「土着」せねばならない。そう強く感じたのは、東日本大震災がきっかけでした。地震と津波の第一報が入ったとき、ぼくは大阪にいました。直接被災したわけではなかったため、まず何が起きているのか、現地の様子を伝えるメディアの方に関心が向きました。福島で原発事故が起きると、放射線物質が飛散するという命にかかわる重大な事案について、どうやら正確な報道がなされていないようだという情報が入り始めました。当時はTwitterが普及し始めた時期であり、それまでなら知ることのなかった一般の人たちの声が届くようになっていました。このとき多くの人が、テレビや新聞の報道を疑問視していました。主要な報道機関が、人命を左右する事故を目の前にしても、スポンサーに不利になることは報道できないという事実。ぼくはこの事実に、ショックを受けました。お金によって自由な報道が封じられてしまうということ。権力の支配性はもちろん、現代において誰もがお金の万能性を信じ切っていることを見せつけられたような気がしたからです。

現代社会のさまざまなシステムを「当たり前」だと思っているぼくたちは、社会の外側を想像することができません。社会の内側で生きていくしかないと思っているからこそ、その原理を回しているお金の力に抗うことができない。このような社会を「此岸」としたとき、ぼくたちはお金とはかかわりのない世界として「彼岸」を構想しました。彼岸を設定することによって社会の内部を相対化し、内と外を行ったり来たりすることができる。ここではないどこかへ「逃げ場」があると思うだけで、言動や思考の自由度は上がります。ぼくのいう「土着」とは、内部と外部、都市と農村、自分と他人といった二つの原理を対立させるのではなく、両者を行ったり来たりすることによって、「なんとなく」のグレーゾーンを生み出していく行為なのです。

戦後民主主義の時代は終わった

それにしても、社会の内側の力はいつからこんなにも強くなってしまったのでしょうか。その一つの答えを、映画『コクリコ坂から』に見ることができます。このスタジオジブリ作品の舞台は、一九六三年の横浜。つまり戦後復興の象徴、東京オリンピック前年の物語です。企画は宮崎駿で、監督は息子の宮崎吾朗が務めました。一九四一年生まれの宮崎駿が本作で立てたのは、高度経済成長と一九六四年のオリンピックを境に、日本はおかしくなってしまったのではないかという仮説です。宮崎駿のいう「おかしくなってしまった」の意味は、ぼくのいう「社会の内部の力が強くなりすぎたこと」に、きわめて近いのではないかと思っています。高度経済成長期と呼ばれるこの時代を、一九六三年当時一五歳だったスタジオジブリのプロデューサー鈴木敏夫は、こう振り返ります。

子どもも心にも、一九六〇年代は明るい時代でした。戦後の焼け野原から復興して、高度成長が始まっていた。実際にはまだまだ貧しかったけれど、世の中は右肩上がりでどんどんよくなっていく。先には光輝く明るい未来しか待っていない。そんな気分が横溢していました。「所得倍増計画」なんていう言葉も、子ども心によく覚えています。経済的に豊かになるだけじゃなく、科学の進歩があらゆる問題を解決して、人々を幸せにする。本気でそう信じられていた。

（スタジオジブリ編『ジブリの教科書17　コクリコ坂から』文春ジブリ文庫、二〇一八年、三八頁）

鈴木が述べるように、高度経済成長期は明るい時代だったのだと思います。しかしその一方で、公害が社会問題になったり、安保闘争や全共闘運動といった「闘い」が行われていました。宮崎駿は「新しい時代の幕明けであり、何かが失われようとしている時代でもある」と述べています。3・11後すぐに封切られた『コクリコ坂から』を観て、この時代が良くも悪くも現代日本をつくったことを知ったし、これからの社会を構想する上で、六〇年代を知らないわけにはいかないと思いました。そんなふうに思っていたぼくの目の前に現れたのが、北沢夏音『Get Back, SUB! あるリトルマガジンの魂』(本の雑誌社)という本でした。本書は、一九七〇年前後に神戸で作られていたリトルマガジン「SUB」の編集長・小島素治の人生を追ったルポルタージュです。この本を読み進める中でぼくが衝撃を受けたのは、七二、三年までは、まだかろうじて社会にオルタナティブが存在したということです。ヒッピーカルチャーや全共闘と呼ばれる左翼活動に代表されるそれらは、サブカルチャーとかカウンターカルチャーと呼ばれていました。

『Get Back, SUB!』では、「サブ」という雑誌名の由来であるサブカルチャーの変容が、編集長・小島の人生と重ね合わされて語られます。その中で、社会を相対化する力を持っていたサブカルチャーの全盛期は六〇年代であり、七三年のオイルショックやあさま山荘事件を経て、社会変革の種火を持ったオルタナティブは消え、消費文化に染まっていきます。サブカルチャーの隆盛の背景には、凄まじい勢いで社会の内部を構築していく高度経済成長がありました。逆説的ですが、その急速な経済成長によって引き起こされたさまざまなひずみに反発する形で、サブカルチャーも活力を保っていたのです。

高度経済成長期に人びとは農村を出て都市に集中し、社会の原理は統一されていきます。こうした事情を背景に、六〇年代は社会の内部と外部の回路が閉ざされないよう、最後の抵抗が行われた時代だったと考えることができます。というのも、社会内部の力が強くなりすぎた時代が、すぐ直前にあったからです。それが大日本帝国がアメリカ合衆国と戦い敗れた、太平洋戦争です。その反省を受けて目指された、いわゆる「戦後民主主義」の全盛期も六〇年代だったということです。映画『コクリコ坂から』で、生徒たちが自主性を持って発言、行動する様子は、現代では失われた民主主義の風景に見えますが、その背景には太平洋戦争や、高度経済成長期を支えた朝鮮戦争の存在もあった。人びとの生活が豊かになり民主主義が根づいていく一方で、まだ戦争の影が残る時代だったのです。

さらに、この時代は工業化が急速に進みます。戦後民主主義は工業化による経済成長とセットで発展したのです。この時代、鈴木敏夫がいうように漠然と明るい未来を信じることができたのは、経済成長が面倒くさいことをアウトソーシングできたからです。その結果、手元に残る自由な時間はどんどん増えていきました。つまり消費文化こそが自由をもたらしたのです。しかし現代はそうではありません。自分たちの生活が、劇的に変化するほどの経済成長はもうありえない。これからの民主主義は、生活のアウトソーシングの上に成り立っていた戦後民主主義とは異なり、「めんどくさい生活」の上に成り立たせなければならない。それは一見、自由な時間を減らすことのように思えるかもしれません。

有限と不可能性を引き受ける民主主義へ

では、これからの民主主義を考える上で、参考になるものはないのでしょうか。戦後民主主義の原点でもある、一九四八年から五三年まで中学・高校で使用された文部省による『民主主義』を見てみましょう。「はしがき」には以下のように書かれています。

そうして、すべての人間が、自分自分の才能や長所や美徳をじゅうぶんに発揮する平等の機会を持つことによって、みんなの努力でお互の幸福と繁栄とをもたらすようにするのが、政治の最高の目標であることをはっきりと悟るであろう。それが民主主義である。そうして、それ以外に民主主義はない。

したがって、民主主義は、きわめて幅のひろい、奥行きの深いものであり、人生のあらゆる方面で実現されてゆかなければならないものである。民主主義は、家庭の中にもあるし、村や町にもある。それは、政治の原理であると同時に、経済の原理であり、教育の精神であり、社会の全般にゆきわたってゆくべき人間の共同生活の根本のあり方である。

（文部省『民主主義』角川ソフィア文庫、二〇一八年、四頁）

民主主義とは、誰もが自分の能力を活かすことができる機会を平等に持つことや、その能力を自分のためだけでなく「お互の幸福と繁栄」のために活かすことだとされています。そしてこれは政治分野だけに限った話ではないといいます。確かにこの点は、民主主義の原理として非常に重要ですし、大変共感します。しかし見逃してはならないのは、戦後民主主義が工業や都市を基盤に考えられてきたことです。そのため、ここでは消費活動によって確立され、無限の可能性を持った個人が想定されていました。

ぼくの構想する「これからの民主主義」は、「めんどくさい生活」がベースになります。有限で不可能性の上に成り立つ個人と自由が、並び立つものとして構築されなければならないはずです。そのためには、民主主義の原理を引き継いだ上で、有限性を基礎においた、例えば山村のような場所から、個人と自由について考えることが必要になります。有限性の中で生きていくことについて、イヴァン・イリイチは以下のように述べています。

人々は限度内で暮すことを学ばねばならない。このことは教えてもらうわけにはいかない。生き残れるかどうかは、人々が自分たちには何ができないのかということを速やかに学ぶことにかかっている。人々は、無制限に繁殖したり消費したり使用したりするのを慎むことを学ばねばならない。人々を自発的に貧しさを選ぶように教育したり、人々が自制するように操作したりするのは不可能である。(中略)人類は宇宙の片隅で進化してきたのだ。彼の世界は生態圏の資源によって限界づけられており、限られた数の人間しか収容できない。科学技術はこういう生態的地位の性質を変形させてきた。

(イヴァン・イリイチ『コンヴィヴィアリティのための道具』ちくま学芸文庫、二〇一五年、一四九頁。傍点引用者)

ぼくたちは自分たちの社会が、生態圏の資源によって限界づけられていることに気がつく必要があります。そのための一つの方法が、都市から「身を移すこと」です。ぼくたちは山村に移り住みましたが、漁村でも農村でも良いでしょう。とにかく生態圏の資源の一部に、できるだけ長く身を置くことが重要です。そうすることで、論理的にではなく、非論理的に生態圏を理解することができます。それができるのなら、別に移り住む必要はないのですが、居住が旅行やキャンプと違うのは、有限性に気がつく可能性のある時をより長く過ごせることです。「住む」という行為には、自分たちを取り巻く有限な生態圏というコスモロジーを、時間をかけて内面化する効果がありま す。

東吉野村に移り住み、有限性を感じる場面の一つとして、共同墓地の清掃がありま す。共同墓地には、何百年も前からこの地に暮らしてきた方々も眠っていれば、幕末に新政府の樹立を目指した天誅組の若者たちも葬られています。地区の方々はぼくたちに、「あんたたちに関係のあるお墓はないから、掃除に参加しなくていいんだよ」と気を遣ってくれます。でもその意味では、天誅組の若者たちの墓は、実は東吉野村に住む誰にとっても関係のないものです。ここに天誅組の墓があるのは、彼らが新政府を立ち上げた直後に運悪く朝敵とされてしまい、逃げ延びて壊滅した地が「たまたま」東吉野村だったからにすぎないからです。

近代社会は「たまたま」死ぬことを、社会から排除して発展してきました。しかし生き物である以上、たまたま生まれたり、たまたま死んだりする可能性を本当の意味で排除することはできません。むしろ「たまたま」こそが、まさに生きている実感を感じられる瞬間です。ぼくは東吉野村に越してから、各地で墓を見ると安心するようになりました。お墓があることによって、たまたまこの地に生まれ、たまたま死んでいった人びとの痕跡を見られるからです。東吉野村に生まれ死んでいった方々と、外から来てたまたまこの地で死んでいった若者たちを一緒に祀っている共同墓地の掃除をしていると、人は本来「たまたま」を大事にして生きてきたのではないか、という気がしてきます。

たまたまといえば、実はぼくは大学院生のときに一度、東吉野村を訪れたことがありました。民俗学を専攻していた友人に連れられ、県指定無形文化財でもある念仏踊りを見にきたのでした。それから約一〇年後、東吉野村を再び訪れ、村内を案内してもらっているときに念仏踊りが行われると聞き、図らずも同じ光景を見ることになったのです。そのとき、かつて村を訪れた記憶が蘇りました。念仏踊りは、一遍上人によって日本全国に広まったと考えられていますが、一遍が東吉野村を訪れたことがあるかどうかは定かではありません。彼は三七歳のとき高野山を経て熊野に至り、霊夢を見たことがきっかけで、念仏を全国に広めることで人びとを往生に導こうと決心したとされています。民俗学者・宮本常一は、念仏踊りが行われた土地柄について以下のように述べています。

そうした念仏踊りのおこなわれている村は深い峡谷をのぼった山の中腹のやや緩傾斜にあり、もとは焼畑づくりを主として、コウゾ・チャなどを生産して生計をたてていた村々であり、山民としての性格をつよく持っている。村の若者たちが寺にあつまり鉦を打ち念仏をとなえつつ身体を動かす程度のもので、他の地方に見られる雨乞踊りのようなはなやかなものではない。あるいは一遍がはじめた当時の古い念仏踊りの様式をのこしているのではないかと思っている。

（宮本常一『山に生きる人びと』河出文庫、二〇一一年（原書は一九六四年）二〇六―二〇七頁）

こうした山中に念仏踊りが残った理由について、宮本は山中の戦などで不慮の死をとげた者の霊をとむらうのが目的だったのではないかと考えています。日本文化史において、山は生命力の弱った者が、回復のために逃げる場所だったのです。山に逃れ行き倒れた人もたくさんいたことでしょう。逃げ延びてきたという意味では、ぼくたちも天誅組も同類かもしれません。ぼくたちはたまたま助かり、天誅組はたまたまこの地で壊滅してしまいました。生態圏という有限性を学ぶために必要なのは、死をいかに身近なものにするか、ということです。死は「絶対」であると同時に、「たまたま」でもあるのです。

有限性を取り戻し、生態圏の中に身を置くことが土着へのプロセスとなります。「有限性」というと、自由を阻害するイメージを持つかもしれません。戦後社会のように消費活動が自由の表現だと思ってしまうと、ショッピングモールやコンビニのない山村は確かに不自由です。しかしこれからの社会において、自由の本質は消費活動ではありません。自由の本質は、本書で繰り返し述べてきたように、二つの原理を行ったり来たりできること、です。文明と野蛮、都市と農村、男と女、老人と若者などを行ったり来たりできることこそが、自由なのです。この自由を手に入れるためには、対立する二つの原理を全く別物として捉えるのではなく、連続性において見ることが必要となります。このような視点を提唱したのが、比較文明学者、梅棹忠夫でした。

わたしの意図するところは、共同体の生活様式の変化である。それなら、生態学でいうところの遷移（サクセッション）である。（中略）サクセッション理論が、動物・植物の自然共同体の歴史を、ある程度法則的につかむことに成功したように、人間共同体の歴史もまた、サクセッション理論をモデルにとることによって、ある程度は法則的につかめるようにならないだろうか。

（梅棹忠夫『文明の生態史観』中公文庫、一九九八年、一一九頁）

梅棹は近代と伝統、西洋と東洋といった二分法で考え、そこに優劣をつけるのではなく、共同体の生活様式の変化が自成的に起こった地域と、他成的に起こった地域とに分け、いずれも生活様式が変化することにおいては同じ現象であると述べました。つまり、二つの原理は対立しているのではなく、その表出の仕方が異なるだけで本質は同じであると主張したのです。彼は、それまで優劣強弱で全く別のものとされてきた各地の文明を、共同体の生活様式の変化という意味で本質的には同じであるとして、一つの生物のように捉えたのです。そして、このように世界の文明を考える見方を、「文明の生態史観」と名づけました。このように、二つの原理を行ったり来たりすることができる背景には、二つの本質は同じであるという確信が必要になります。この確信を得るためには、どのような人間も一つの生物であるということを改めて認識する必要があります。それが有限の生態圏の中で生きていることの自覚へとつながるのです。

太平洋戦争後、日本社会は高度経済成長を経て、人びとの自由な時間を増やすことに成功しました。しかしその自由は「めんどくさいもの」をアウトソーシングし、すべてを交換可能な商品に変えたことによって成立していたのです。そこでは、人は労働力として市場に奉仕することで対価を得て、そのお金により商品を買うことで自由を得ていました。いわゆる戦後社会とは、一言でいうと、このような社会だったといえます。さらに問題なのは、この社会の前提は工業化であり、可能性、無制限の思想を基礎にしたものだったということです。しかし、これからの社会はそうはいきません。例年被害が増大する気候変動と、さらに拡大する社会格差はいずれも、これまでの社会のままではやっていけないことをはっきりと示しています。

では不可能性、有限性に基づいた、これからの社会モデルはどこにあるのでしょうか。そのヒントの一つが、山にあります。もともと、山はとても有限性の高い生態圏でした。そこでの暮らしを前提に考えることで、有限性と自由を対立させず、一つの連続体として捉えることが可能になります。例えば、大著『地中海』を書いた歴史家フェルナン・ブローデルは、山の役割とその意味について喝破します。

> 山が山であるというのは、言い換えれば障害ということだ。また、同時に、避難所、つまり自由な人間のための国である。なぜなら、文明が（社会、政治的次元であれ、貨幣経済の次元であれ）拘束や隷属を強制するものすべてが、山では人間を圧迫することはないからである。（中略）低地の国々においては、人や物が密集し、息の詰まるような社会であり、聖職者は聖職禄を受けているし、貴族は高慢であり、警察は有能である。山は自由の、デモクラシーの、農民「共和国」の避難所である。
>
> （フェルナン・ブローデル『地中海 I』藤原書店、一九九九年、五五―五六頁。傍点引用者）

そうです、山は障害なのです。しかし障害は自由を阻むものばかりではありません。自分に何ができて、何ができないのか。それを明確にすることこそ、有限性を基礎にした自由への理解の足がかりになります。台風が来れば避難の準備をするし、火事が起きれば消防団の詰め所に集合する。障害に一人で立ち向かう必要はありません。共同墓地の清掃や地区の役員は、三年に一度は回ってくるのです。これからの民主主義《デモクラシー》は個人と共同体を行ったり来たりすることで、地縁、血縁ではなく、生態圏という有限性を基礎においた、個人同士のつながりによって構築される必要があります。ブローデルもいうように、山は障害です。障害とは、自分ではコントロールできないものであり、社会の外部であり、自然でもあります。その障害を受け入れた上で民主主義を立ち上げることは、これからの社会を考える際の大きなヒントになります。有限性をベースに、二つの原理を行ったり来たりすることによって自由を得る。これをぼくは「土着」と呼びました。そして そのように土着した人、土着を目指す人たちが担う民主的な社会を、ぼくは「山村デモクラシー」と呼びたいと思っています。

※山村デモクラシーⅠは、『山學ノオト』に収録されています。

おわりに

最後までお読みいただき、ありがとうございました（ぼくは結構「おわりに」が好きなので、最初から読んだりしますけど）。

今回対話した人文系研究者の方々は、「ぼくがお話ししてみたかった人たち」です。メールを送り、『彼岸の図書館』を巡る対話をお願いしたところ、みなさん「ほぼ」初対面なのに快くオファーを引き受けてくださいました。本当にありがとうございました。そもそも、ぼくはどのような人と話したいと思ったのでしょう。やっぱり少し「変わった人」というのがポイントな気がします。「変わった人」というのは、価値基準が自分の中にある人です。前例とか社会とか、研究者であれば学会や研究会だけに価値基準を置いていない人たちです。

栢木清吾さんと初めてお会いしたのは、大阪のCalo Bookshop & Cafeで行われた『彼岸の図書館』刊行記念トークイベントでした。ぼくも栢木さんも歴史研究者でありながら、なんだかちょっと外れたところにいる。でも楽しそう。そんなところにシンパシーを抱いてくれたのか、すぐにルチャ・リブロに来てくれました。研究、大学、生活のことなどをお話しし、いっぺんに意気投合。大阪南部にある栢木さんのご実家と農場にお邪魔して、桃やハーブ、ナスやかぼすを収穫させていただきました。ルチャ・リブロの畑に植わっているいちじくの木は、栢木家から移植したものです。大学とその外に軸足を持つ研究スタイルの栢木さんは、同志のような感覚です。そんな栢木さんとのお話は、「逃げ延びる」ことの意味を改めて考えることができ、本書の出発点にぴったりの内容となりました。

百木漠さんのお名前を知ったのは、友人でアーティストの武田晋一さんが『アーレントのマルクス』(人文書院、二〇一八年)という百木さんの著作を読んでいたことがきっかけでした。『彼岸の図書館』を出した後、「此岸と彼岸を行ったり来たりする」というライフスタイルを言語化するために、さまざまな本を読んでいました。「働く」というテーマでマルクスの書籍や解説本を面白く読んでいたのですが、自分の感覚とはいまいちマッチしませんでした。そんなとき、百木さんの著作は「ハンナ・アーレントとマルクスを行ったり来たりする」ことで、「働く」ことの多様な切り口を示してくれたのでした。あまり関係ないのですが、ぼくの年上の友人が百木さんのお母さんと知り合いで、ルチャ・リブロが開館したころにお父さんの著作(百木一朗『直す現場』ビレッジプレス、二〇一一年）をご恵贈いただいていました。実はずいぶん前から百木家の本は、ルチャ・リブロの本棚にあったのでした。

藤原辰史さんは、今回ご参加くださったみなさんのなかでは最も専門分野が近く、僭越ながら関心が似ていると感じていた方です。ただそれは農業や食ではなく、西洋史という観点からです。『ナチスのキッチン――「食べること」の環境史』（共和国、二〇一六年）や『戦争と農業』（集英社インターナショナル新書、二〇一七年）で、ぼくたちが当たり前だと思っている生活様式の背景にある歴史世界に注目した研究をされていることに、とても興味をひかれました。直接的には、『分解の哲学――腐敗と発酵をめぐる思考』（青土社、二〇一九年）で展開された、西洋史の枠を超えた大きな思想に衝撃を受けました。

竹端寛さんは、就労支援の同僚が薦めてくれた『枠組み外しの旅――「個性化」が変える福祉社会』（青灯社、二〇一二年）や『「無理しない」地域づくりの学校「私」からはじまるコミュニティワーク』（ミネルヴァ書房、二〇一七年）がとてもおもしろく、その感想をオムライスラヂオでもお話ししていました。障害福祉分野について、制度の部分と制度以前の部分を横断的に捉えている稀有な人だと思い、アプローチしたところ、竹端さんがそのオムラヂを聴いてくださっていたことが判明して、少し緊張しました。このさい告白しますが、少し恐い人ではないかと思っていたのです。でも実際お話ししてみると、とてもフレンドリーだったので安心したのでした。

磯野真穂さんは、宮野真生子さんとの共著『急に具合が悪くなる』（晶文社、二〇一九年）を読んでお名前を知りました。また就労支援の仕事をするなかで、医療人類学や臨床人類学と出会い、ちょうど勉強し始めたところでもありました。『なぜふつうに食べられないのか――拒食と過食の文化人類学』（春秋社、二〇一五年）や『医療者が語る答えなき世界――「いのちの守り人」の人類学』（ちくま新書、二〇一七年）などの磯野さんの著作から、自分の病気や身体は決して客観的なものではなく、それぞれの物語によって構成されていることを学びました。また磯野さんは大学を辞められて、新たにご自身の学びの場をオンラインで立ち上げられたとのことで、このあたりにもアジールを手づくりする者として共感を抱いていました。

今回の対話を終えて感激したのは、みなさんが冷笑的ではないことでした。ぼくたちの活動を「ふん」と鼻であしらうわけではなく、ぼくの見ているものを同じ目線で見ようとしてくれました。こういう方々との出会いは、既存の型にはまれず、やることなすことすべてが意味不明とされがちなぼくたちにとって、本当に幸せなことでした。このような協力者がいてくれたおかげで、山村に越して図書館を開いて活動してきたこの五年間が意味することを、なんとか言葉にできたのだと思います。
この五年間、山村での暮らしやルチャ・リブロ活動をメインに発信してきました。ぼくにとってこれは「彼岸」の活動です。一方で、ぼくが「此岸」と呼んでいる現代社会での活動が、就労支援です。ぼくは週五日、フルタイムでこの仕事をしています。就労支援とは、障害のある方が会社に雇用されることをサポートする仕事です。日常的にさまざまなことを感じ、考え、同僚とディスカッションできるおかげで「此岸と彼岸を行ったり来たりする」というアイデアも生まれました。そういう意味で、今後は「此岸」について自分の思いをしっかり言葉にしていきたいと思っています。

本来の就労支援とは、「就職のサポート」だけを意味しているのではないはずです。そうではなく、もっと本質的な意味での「働く」を取り戻す活動なのではないかと思っています。現代社会では、資本主義というシステムの下で人びとが豊かになった結果、「何のために働くのか」がわからなくなっています。もしくは「何のために働くのか」が明確な仕事ほど、その対価が安い構造になっています。例えば、一人では暮らしていけない高齢者をケアする仕事は社会的有用性が高いにもかかわらず、適切な対価が支払われているとは到底思えません。

この状況はシステムのせいなので、異議申し立てをしていくことが不可欠です。それと同時に、そもそも資本主義社会のなかで痩せ細ってしまった「働く」から、本来は生の充足感を得られるような、豊かな「働く」を取り戻すためにはどうすればよいのかを考え、実践していくことの必要性を感じています。無理に大きな夢を抱いたり、必ずしも誰かの役に立つ必要もありません。使命感に燃える必要はないし、かといって自分のしていることを卑下することもない。生きていくことと「働く」ことが矛盾しないような、そんな関係はどうすれば得られるのだろう。

大きな言葉を使えば、ポイントは「経済と人権」だと思っています。現代社会は、働きすぎるか、仕事がないかという状況です。この両極端な状態を克服するために、そもそもぼくたちはどのような生活をイメージすればよいのでしょうか。この二つが矛盾せず、併存することは不可能なのでしょうか。ただいたずらに、ベーシックインカムの導入を訴えれば解決する問題ではないはずです。引き続き、このあたりを考え続けたいと思っています。

本書は夕書房の髙松夕佳さんにはオンライントークの運営や文字起こし、構成などをしていただき、晶文社の安藤聡さんには全般的にだいぶご無理を言いました。大変お世話になりました。そして普段、ぼくがずいぶん自分勝手な言動を繰り返しているにもかかわらず、自由に放っておいてくれる社会福祉法人ぷろぼののみなさんや、たくさん迷惑をかけている事業所のメンバーにも感謝申し上げます。さらに東吉野村のみなさんと、ルチャ・リブロ活動を実質的に運営し、ぼくたちの生活のすべてに形と色彩を与えてくれている、妻・海青子にも特大の感謝を。さらにさらに、ルチャ・リブロにご来館下さっているみなさんや、ぼくたちの本を置いてくれている全国の本屋さん、ライフワークであるオムラヂのリスナーのみんなななど、切りがないのでこのあたりでやめておきますが、みなさん、いつも本当にありがとうございます。

ゆるゆる、つながっていきましょう。人生はたった一度だけど、いつか必ず終わります。良いことも悪いことも、その時までです。そんなわけで、引き続きどうぞよろしくお願いいたします。

二〇二一年一〇月四日

青木真兵

青木真兵（あおき・しんぺい）

1983年生まれ、埼玉県浦和市に育つ。「人文系私設図書館ルチャ・リブロ」キュレーター。古代地中海史（フェニキア・カルタゴ）研究者。博士(文学)。2014年より実験的ネットラジオ「オムライスラヂオ」の配信をライフワークにしている。2016年より奈良県東吉野村在住。現在は障害者の就労支援を行いながら、大学等で講師を務めている。著書に、妻・青木海青子との共著『彼岸の図書館――ぼくたちの「移住」のかたち』(夕書房)、『山學ノオト』『山學ノオト2』(共にエイチアンドエスカンパニー）のほか、「楽しい生活――僕らのVita Activa」(内田樹編『ポストコロナ期を生きるきみたちへ』所収、晶文社)などがある。

手《て》づくりのアジール
「土着の知」が生まれるところ
2021年11月25日　初版
2023年10月10日　2刷

著　者　　青木真兵
発行者　　株式会社晶文社
東京都千代田区神田神保町1-11　〒101-0051
電話　03-3518-4940（代表）・4942（編集）
URL https://www.shobunsha.co.jp
印刷・製本　中央精版印刷株式会社

ISBN978-4-7949-7282-8 Printed in Japan